U0080825

We are not FUNNY at all

我們一點都不搞笑

小幽默大智慧

成長階梯 69

小幽默大智慧：我們一點都不搞笑！

編著 羅奕軒

出版者 大拓文化事業有限公司

執行編輯 廖美秀

美術編輯 姚恩涵

總經銷 永續圖書有限公司

劃撥帳號 18669219

地址 22103 新北市汐止區大同路三段一九十四號九樓之一

TEL (○二)八六四七—三六六三

FAX (○二)八六四七—三六六○

E-mail yungjiuh@ms45.hinet.net

網址 www.foreverbooks.com.tw

CVS代理 美璟文化有限公司

TEL (○二)二七二三—九九六八

FAX (○二)二七二三—九六六八

法律顧問 方圓法律事務所 涂成樞律師

出版日◇二○一五年十一月

國家圖書館出版品預行編目資料

小幽默大智慧！我們一點都不搞笑! / 羅奕軒編著.

-- 初版. -- 新北市：大拓文化, 民104.11

面； 公分. -- (成長階梯；69)

ISBN 978-986-411-017-9(平裝)

1.人生哲學

191.9 104018460

1 笑談人類的弱點和劣勢

- 爸爸早結婚了 …… 016
- 擦誰的皮鞋 …… 016
- 打賭 …… 017
- 吻畫 …… 018
- 炫耀 …… 019
- 藝術品和人 …… 019
- 第二流的評論 …… 020
- 第一名的卓別林 …… 021
- 過猶不及 …… 022
- 和軍醫打賭 …… 024
- 考古與外交 …… 024

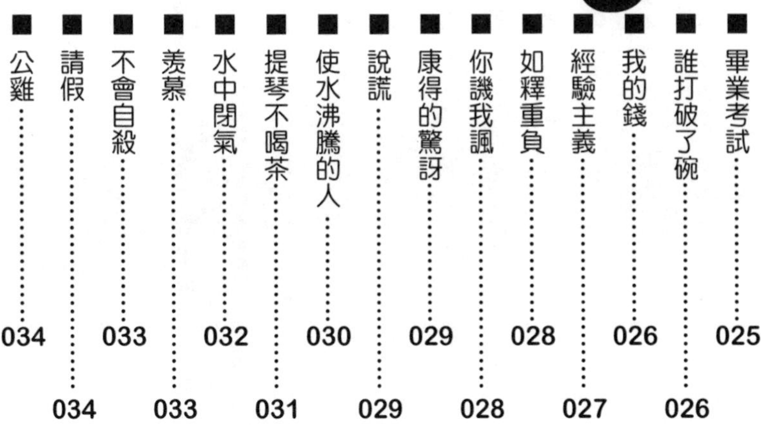

- 畢業考試 …… 025
- 誰打破了碗 …… 026
- 我的錢 …… 026
- 經驗主義 …… 027
- 如釋重負 …… 028
- 你譏我諷 …… 028
- 康得的驚訝 …… 029
- 說謊 …… 029
- 使水沸騰的人 …… 030
- 提琴不喝茶 …… 031
- 水中閉氣 …… 032
- 羨慕 …… 033
- 不會自殺 …… 033
- 請假 …… 034
- 公雞 …… 034

我們一點都不搞笑

■大夫的難題……035
■探視……035
■羊和鴿子……036
■無理的抱怨……037
■聽大夫的……038
■正路……038
■傳教士買雞……039
■祈禱……040
■取名……041
■小足球迷……041
■愛花錢的妻子……042
■老天爺……043
■剪報做啥用……044
■高招……045
■擔心……045
■不走運的丈夫……046
■亞當夏娃……047
■轉向……047

②笑談思維的定勢與改變

■救火……050
■打賭……051
■彈不了的曲子……051
■到底哪一個死了……052
■我有急事……053
■不得了……053
■發明……054
■新澤西的獵人……055
■鉛筆和圓珠筆……056

小幽默大智慧

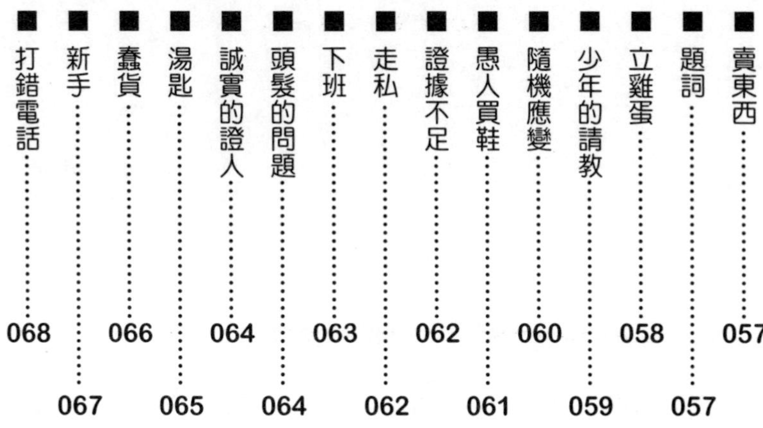

■ 賣東西……057
■ 題詞……057
■ 立雞蛋……058
■ 少年的請教……059
■ 隨機應變……060
■ 愚人買鞋……061
■ 證據不足……062
■ 走私……062
■ 下班……063
■ 頭髮的問題……064
■ 誠實的證人……064
■ 湯匙……065
■ 蠢貨……066
■ 新手……067
■ 打錯電話……068

③ 笑談表達的溝通與理解

■ 豈有此理……069
■ 尋找木凳子的腳……069
■ 棉被更熱……070
■ 只認蘋果……071
■ 怎能不哭……071
■ 誰是老外……072
■ 神像裡的金子……072
■ 可笑的「問候」……073
■ 無字天書……074
■ 當你沒來……075
■ 樹菱……076
■ 打獵……078

我們一點都不搞笑

■ 倒楣……078
■ 禁止和不禁止……079
■ 我們的……079
■ 煮竹席……080
■ 農場和老爺車……081
■ 精神對抗……081
■ 削蹄割尾……082
■ 飯後一支煙……082
■ 淡得有味……083
■ 排輩……084
■ 「啥」……084
■ 處世之道……085
■ 軍人保險……086
■ 求宿……087
■ 曲解……088

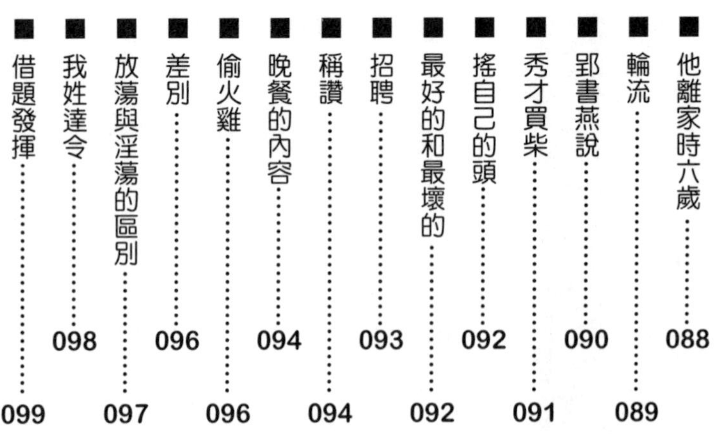

■ 他離家時六歲……088
■ 輪流……089
■ 郢書燕說……090
■ 秀才買柴……091
■ 搖自己的頭……092
■ 最好的和最壞的……092
■ 招聘……093
■ 稱讚……094
■ 晚餐的內容……094
■ 偷火雞……096
■ 差別……096
■ 放蕩與淫蕩的區別……097
■ 我姓達令……098
■ 借題發揮……099

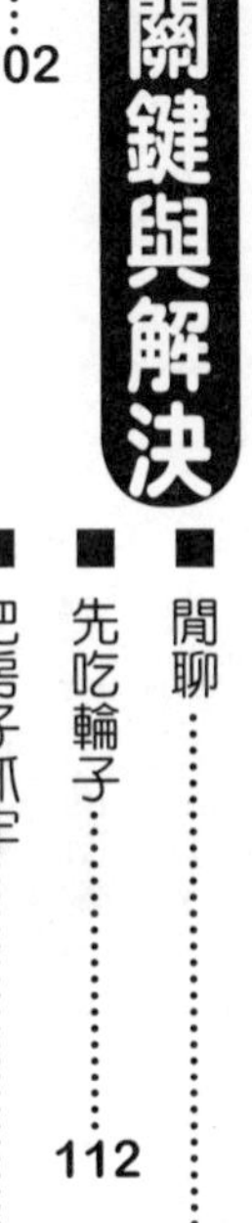

4 笑談問題的關鍵與解決

■ 調價 …… 102
■ 屋頂上的標語 …… 102
■ 婦人瘦身 …… 103
■ 富翁的遺囑 …… 103
■ 海鳥的遭遇 …… 104
■ 黃魚怕臭 …… 105
■ 剪箭桿 …… 106
■ 神奇的袋鼠 …… 106
■ 面對戰火 …… 107
■ 牧師與窮人 …… 108
■ 旗杆的高度 …… 109
■ 下一輛巴士 …… 109
■ 因材施教 …… 110

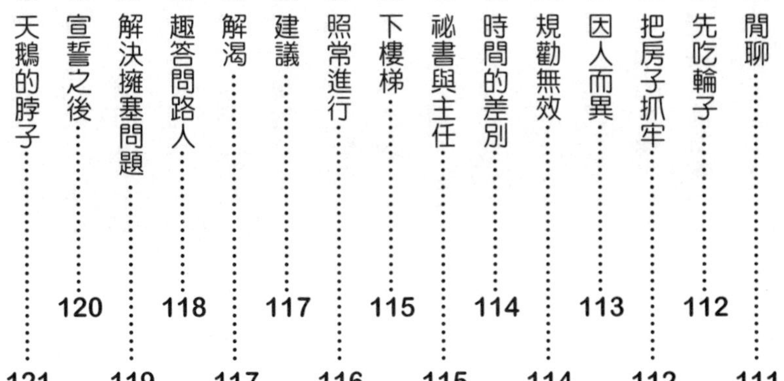

■ 閒聊 …… 111
■ 先吃輪子 …… 112
■ 把房子抓牢 …… 112
■ 因人而異 …… 113
■ 規勸無效 …… 114
■ 時間的差別 …… 114
■ 祕書與主任 …… 115
■ 下樓梯 …… 115
■ 照常進行 …… 116
■ 建議 …… 117
■ 解渴 …… 117
■ 趣答問路人 …… 118
■ 解決擁塞問題 …… 119
■ 宣誓之後 …… 120
■ 天鵝的脖子 …… 121

■ 方向相反……122
■ 醃鴨子生鹹蛋……123
■ 牛的問題……123
■ 還在原地方……124
■ 司機……124
■ 驅蚊妙法……126
■ 關上計程器……126
■ 不得要領……127
■ 感慨……128
■ 尋犬啟事……128

5 笑談虛幻誇張與諷刺

■ 賣書……132
■ 夫妻情深……132

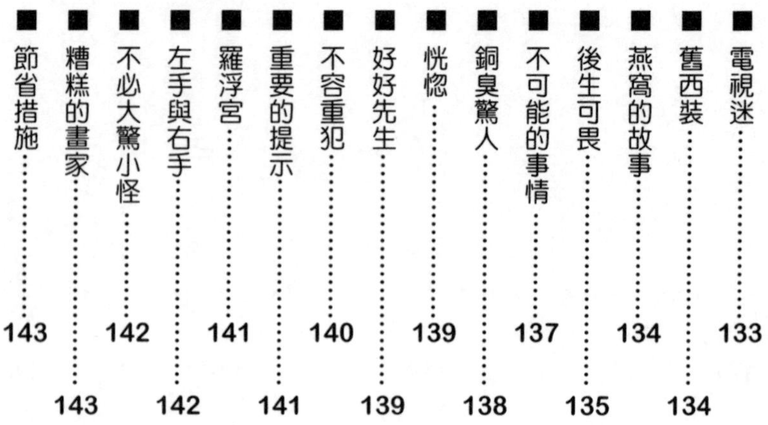

■ 電視迷……133
■ 舊西裝……134
■ 燕窩的故事……134
■ 後生可畏……135
■ 不可能的事情……137
■ 銅臭驚人……138
■ 恍惚……139
■ 好好先生……139
■ 不容重犯……140
■ 重要的提示……141
■ 羅浮宮……141
■ 左手與右手……142
■ 不必大驚小怪……142
■ 糟糕的畫家……143
■ 節省措施……143

小幽默大智慧

6 笑談人際交往和計謀

■ 別胡說……144
■ 借牛……144
■ 我就不信……145
■ 書低……145
■ 有酒就行……146
■ 求你別寫……147
■ 出主意……148
■ 叼著不丟……148
■ 似我匾……149
■ 白挨打……150
■ 職業病……150
■ 事不關己……151
■ 倒下……152

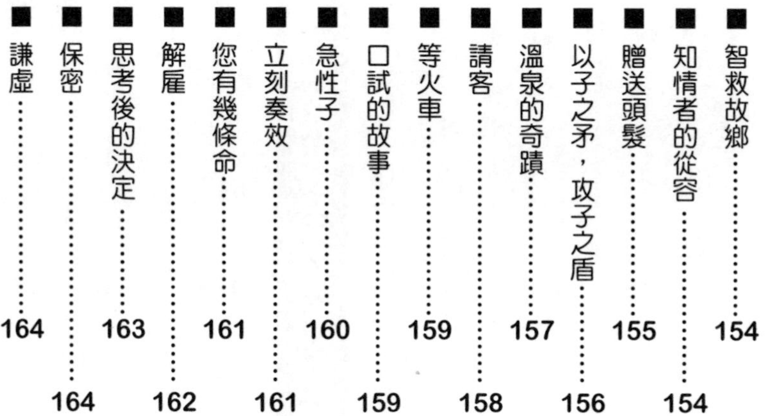

■ 智救故鄉……154
■ 知情者的從容……154
■ 贈送頭髮……155
■ 以子之矛，攻子之盾……156
■ 溫泉的奇蹟……157
■ 請客……158
■ 等火車……159
■ 口試的故事……159
■ 急性子……160
■ 立刻奏效……161
■ 您有幾條命……161
■ 解雇……162
■ 思考後的決定……163
■ 保密……164
■ 謙虛……164

我們一點都不搞笑

■不妨礙思考……165
■當眾做「賊」……166
■學問和金錢……166
■一塊蛋糕……167
■用腿簽字……168
■參觀者……168
■褒貶……169
■您搞錯了……169
■鬧鐘……170
■尷尬的女王……170
■費用……171
■不懷好意……172
■只給二十分鐘……173
■珍奇的動物……174
■修女與司機……174

7 笑談物質金錢和財富

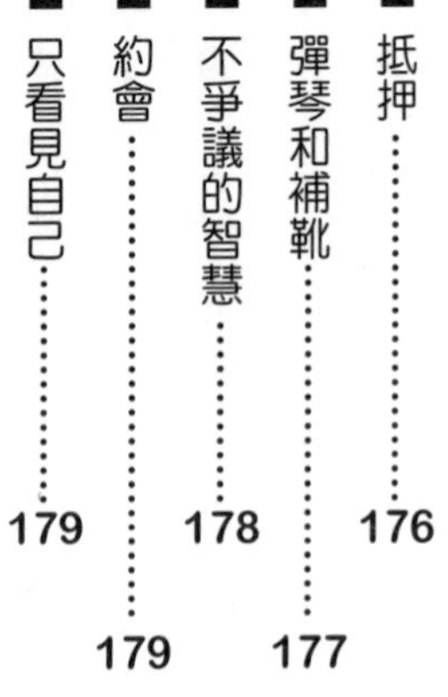

■抵押……176
■彈琴和補靴……177
■不爭議的智慧……178
■約會……179
■只看見自己……179

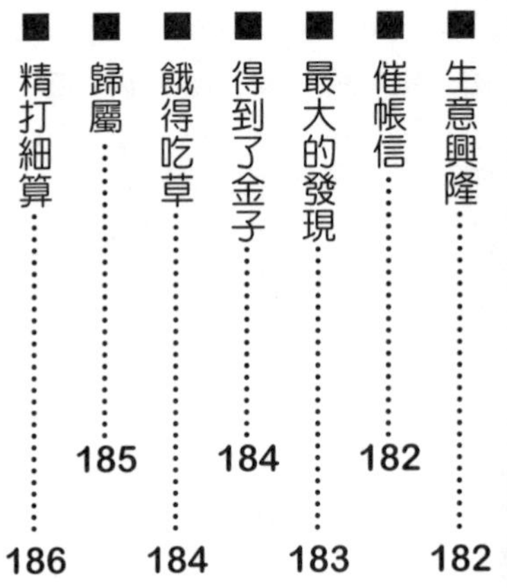

■生意興隆……182
■催帳信……182
■最大的發現……183
■得到了金子……184
■餓得吃草……184
■歸屬……185
■精打細算……186

小幽默大智慧

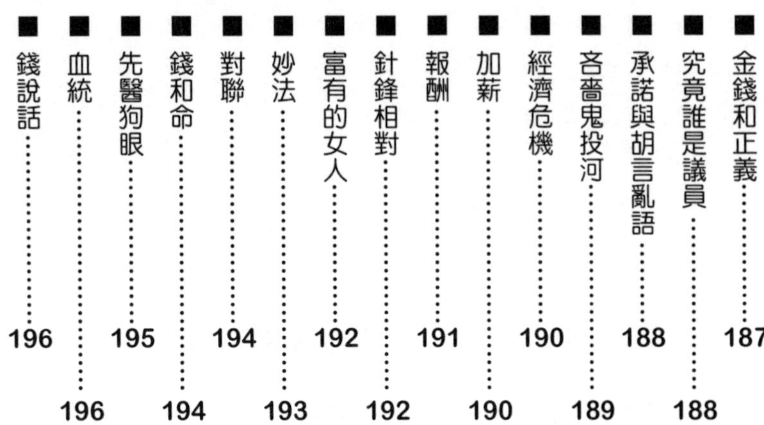

■金錢和正義……187
■究竟誰是議員……188
■承諾與胡言亂語……188
■吝嗇鬼投河……189
■經濟危機……190
■加薪……190
■報酬……191
■針鋒相對……192
■富有的女人……192
■妙法……193
■對聯……194
■錢和命……194
■先醫狗眼……195
■血統……196
■錢說話……196

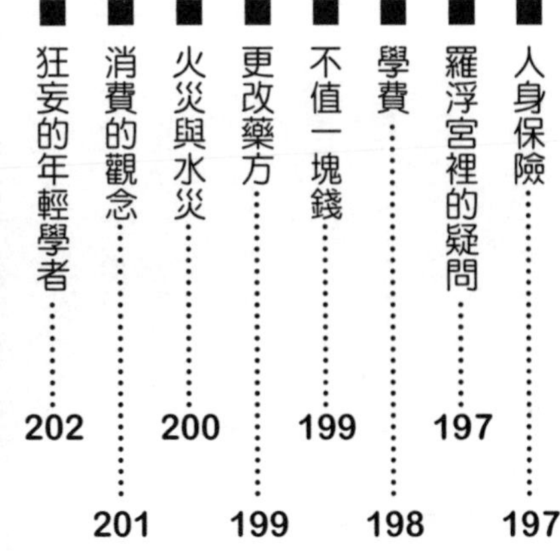

■人身保險……197
■羅浮宮裡的疑問……197
■學費……198
■不值一塊錢……199
■更改藥方……199
■火災與水災……200
■消費的觀念……201
■狂妄的年輕學者……202

8 笑談待人接物與技巧

■實驗的價值……204
■患難與共……204
■高見……205
■船長的命令……206

我們一點都不搞笑

■ 幽默的太太……207
■ 難以和好……207
■ 破產以後……208
■ 項鏈……209
■ 英雄所見略同……209
■ 候客……210
■ 好靜……210
■ 送禮……211
■ 現代派作品……212
■ 特殊療法……213
■ 如此居心……214
■ 勸阻……215
■ 再次敬贈……215
■ 自毀形象……216
■ 以牙還牙……216

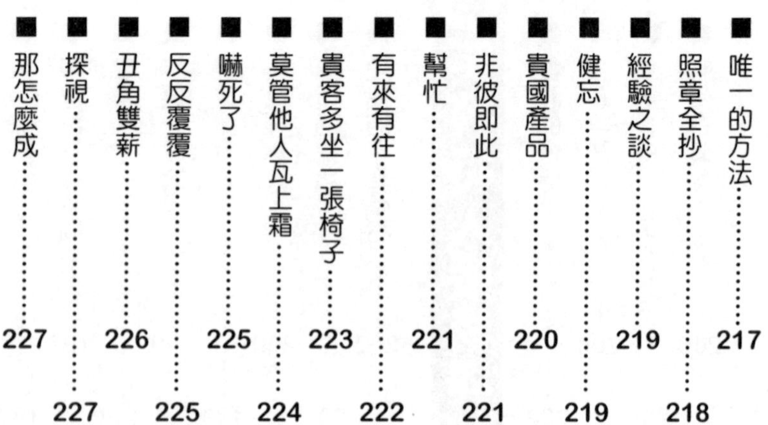

■ 唯一的方法……217
■ 照章全抄……218
■ 經驗之談……219
■ 健忘……219
■ 貴國產品……220
■ 非彼即此……221
■ 幫忙……221
■ 有來有往……222
■ 貴客多坐一張椅子……223
■ 莫管他人瓦上霜……224
■ 嚇死了……225
■ 反反覆覆……225
■ 丑角雙薪……226
■ 探視……227
■ 那怎麼成……227

9 笑談名人逸事與趣聞

■拳擊手失誤……228
■本應享有的關心……229
■奇妙的賀詞……230
■榮幸……230
■上帝的轎車……231
■太複雜了！……232
■提問問題……233
■小羔羊的毛……233
■校服的顏色……234
■圓明園是誰燒的……234
■第一名……235
■不必自尋煩惱……238

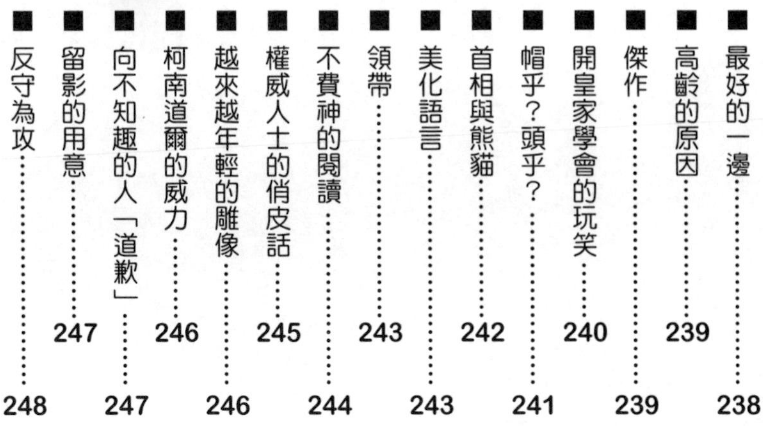

■最好的一邊……238
■高齡的原因……239
■傑作……239
■開皇家學會的玩笑……240
■帽乎？頭乎？……241
■首相與熊貓……242
■美化語言……243
■領帶……243
■不費神的閱讀……244
■權威人士的俏皮話……245
■越來越年輕的雕像……246
■柯南道爾的威力……246
■向不知趣的人「道歉」……247
■留影的用意……247
■反守為攻……248

我們一點都不搞笑

■ 石學士……249
■ 幹嘛要這麼多人……250
■ 理論的成敗與國籍……250
■ 「誰能考我呢？」……251
■ 畢卡索的畫……251
■ 不是洗澡堂……252
■ 打錯了……253
■ 打賭治病……254

part1
笑談人類的弱點和劣勢

WE ARE NOT FUNNY AT ALL

爸爸早結婚了

有一次弗洛伊德對他的大女兒說：「我感覺到，近兩年來你一直在為一件事擔憂，你認為自己不夠漂亮，找不到丈夫。我可沒把這當回事，在我眼裡，你最漂亮。」

他女兒笑了笑回答：「可是你不能娶我，爸爸，你早已結婚了。」

☺**大智慧：**

有時候，我們總是習慣於，以自己的意見代替別人的想法，因為我們總覺得我們瞭解別人，事實上，只有當事人最瞭解自己的感受。所以，尊重別人的感受和選擇是一種高尚的品德。

擦誰的皮鞋

當林肯正在擦他自己的皮鞋時，一個外國外交官向他走來。

「怎麼，總統先生，您還必須親自擦自己的鞋子？」

「是的。」林肯回答，「那麼您必須擦誰的鞋子？」

☺**大智慧：**

每個人都有自力更生的能力，但未必每個人都有自力更生的習慣。

打賭

甲對乙說：「我知道你不喜歡小鳥，但我有辦法讓你養鳥。」

乙說：「開什麼玩笑？既然我不喜歡鳥，我就不會去買，也不會去抓，怎麼可能弄隻鳥來養呢？」

第二天，甲送來一個非常精緻漂亮的鳥籠子，這個鳥籠子別緻到乙無法把它隨便放在什麼地方，考慮再三，就把它掛在客廳裡了。這之後，一旦有客人來訪，都會問乙：「你養的小鳥飛了嗎？」

或是「你養的小鳥什麼時候死掉的？」

乙反覆回答，他其實並沒有養鳥，只是覺得這個鳥籠子好看，所以就把它掛起來了。但來訪者總是追根究柢：「沒養鳥怎麼會有這麼漂亮的鳥籠子？既然不養鳥，又何必掛一個空著的鳥籠呢？」。

於是乙只好把自己與甲打賭的事說了一遍又一遍，可是來訪者都不太相信，追

問為什麼要打這樣的賭……乙被問得不勝其煩，過不了幾天，他只好買了一隻小鳥養在籠裡。

☺ **大智慧：**

人性最大的弱點，就是經常是在頭腦中掛上籠子，然後在不得已的情況裡，往裡邊裝上些什麼東西。

吻畫

約翰．辛格．薩金特是美國的人像畫家，特別善於畫富人和名人的肖像。在一次晚宴上，薩金特發現自己身邊坐著一位熱情洋溢的女仰慕者。

「哦，薩金特先生，前兩天我看到了您最近的一幅畫，忍不住吻了畫上的人，因為那人看上去太像您了。」她激動地告訴薩金特。「那麼，它回吻了您嗎？」畫家笑著問。「什麼？它當然不會。」「這麼說，它一點兒也不像我。」薩金特得意地笑了起來。

☺ **大智慧：**

古人云：「畫人畫虎難畫骨，知人知面不知心」。「形似」易得，「神似」難求。在生活中，我們總是傾向於，從一張似曾相識的面孔中推斷其性格，事實往往證明那是錯的，甚至是相當離譜的。

炫耀

「亞洲是我長期以來最喜愛的旅遊地點，」一位女士在宴會上炫耀說，儘管她還從未離開過美國，「那魔術般的神祕和不可思議，簡直美妙得令人難以置信？尤其是台灣，可真是亞洲的一顆明珠？」

「台灣墾丁的燈塔是什麼樣子？」坐在她旁邊的一位先生問道，「您見過嗎？」

「豈止見過？親愛的，我還同他們一道吃過午飯呢？」

☺**大智慧：**

虛榮心是一種可怕的心態，它往往讓人在不知不覺中，陷入深淵而不自知。

藝術品和人

美國油畫家和版畫家惠司勒的口才極好，未成名前，他靠替人畫肖像為生。他

畫肖像時，從不故意把畫畫得美一些來取悅於人，而且常把別人的缺點不加修飾地畫出來。

一次，他替人畫完一幅肖像畫後，那人把自己的像看了好久，然後很不高興地問惠司勒：「你說你能把這畫稱為藝術品嗎？」

「你說你能把自己稱為一個人嗎？」惠司勒冷笑一聲說。

☺**大智慧：**

所有的人都喜歡聽別人說自己好話，這也許是人性的弱點，而且還是致命的弱點。

第一流的評論

英國電影女明星佈雷斯韋特，是以漂亮和演技出名的。此外，她伶俐的口齒也讓人佩服。

一次，戲劇評論家詹姆斯·埃加特，單獨碰上了佈雷斯韋特小姐，他想開個玩笑，便對她說：「親愛的小姐，我有個想法已經擱在心裡多年了，今天就對你坦誠

直言吧！在我看來，你可以算作我們聯合王國裡第二個最漂亮的夫人。」

埃加特以為佈雷斯韋特聽了此話，一定會問他有幸榮登榜首的是哪一位了。出乎他的意料，佈雷斯韋特靜靜地說：「謝謝你，埃加特先生。我在第二流的最佳評論家這裡，也就只希望聽到這種評價了。」

☺**大智慧：**

因為我們太在乎別人對自己的評價，以至於長期活在別人的看法裡。「走自己的路，讓別人去說吧！」我們太熟悉這句話了，為什麼身體力行地做起來，卻又那麼困難？

第一名的卓別林

卓別林以他的諷刺喜劇藝術名震影壇。模仿他的人也多了起來。某公司特別舉辦了一次比賽，看看誰最像卓別林，並請了一些研究卓別林的專家擔任裁判。卓別林聽到這個消息，也趕來參加比賽。但是評判結果，他卻屈居第二。

頒獎的那一天，公司邀請真卓別林前來講話。卓別林回信說：「世界上只有一個卓別林，那就是我。為難的是，應該尊重評論家的意見，我既被評為第二名，還

是請第一名的卓別林講話吧！」

☺ **大智慧：**

著名哲學家培根，曾經指出過人類的「四大假相」，其中之一就是「洞穴假相」。它是指由於個人在環境、教育、性格、愛好等方面的不同，因此在觀察事物時，往往把自己的個性、偏愛滲入到事物中，而歪曲了整個事物的真相。這類假相如同每個人囿於自己的「洞穴」坐井觀天，看不到事物的全貌一樣，所以稱為「洞穴假相」。要想走出「洞穴」，你就必須擺脫偏見。

過猶不及

從前有一個鄉村，舉行一個讚美父德的大會，大會開始時主席報告：今天舉行這個大會，目的是要弘揚孝德，並且互相鼓勵「見賢思齊」的意義。所以希望各位都俱實的報告，不要誇張，亦不要自卑而隱匿不說，儘量把事實說出來，讓大家做個處世做人的模範。

第一個人說：「我父親身材魁梧，很有力氣，做事也有魄力，所以受人稱讚」。

第二個說：「我父親生得眉清目秀，英俊瀟灑，而且對人彬彬有禮，所以受人

尊敬」。

第三個說：「家父是一位仁慈的長者，常常佈施救濟貧苦的人，是一位樂善好施的人」。

有人說：「我父親見義勇為」，有人說：「我父親智識很高，博學多聞」。有人說：「我父親無論做什麼事都守信用」有人說：「我父親對人很客氣很有禮貌」等等。

場中有一位青年，不服氣的跑出來說：「我的父親才偉大呢？」

眾人問：「能舉例來說嗎？」

他說：「我父親是一位清淨而無慾的人」。

眾人說：「啊！世間每一個人都深陷於五慾財色名食睡，而受五慾的驅使，誰能無慾，若既是真的那就太偉大了，不知令尊是那一方面的無慾？」

他說：「我父親是從小就斷絕淫慾，所以是個很清淨的人」。

眾人說：「你父親既然從小斷淫，那你是從那裡來？是天上掉下來的嗎？」

☺**大智慧：**

人人愛聽假話，人人愛說假話，所以世間小人多而君子少。

和軍醫打賭

每個健康的年輕人都得服兵役，可是約翰從來沒入過伍。一位軍官問他：「你，身強力壯的，怎麼不為國家履行義務呢？」

「我自己也正在納悶呢？」約翰回答說，「每一次徵兵體格檢查，我都向軍醫說我沒病，還掏出大把鈔票和他打賭，但是我一次也沒贏過！」

☺ **大智慧：**

人真的是很奇怪的動物，也許他們已經習慣了某種虛偽或者逃避，對於誠實和承擔反倒不敢相信了。

考古與外交

美國駐以色列大使托馬斯·布金，在拜訪了一位正在挖掘古物的考古學家後，很有感觸地說：「考古和外交正好相反，考古要揭開的是未知的事實；而外交則是掩蓋已知的事實。」

☺**大智慧：**

揭開事實與掩蓋事實是人類共同的需要，只不過大家的分工不同罷了。

畢業考試

偵探學校舉行畢業考試，有一個問題是：「公路上有一輛汽車飛馳，沒有開燈。突然之間，有一個穿黑衣服的醉鬼走到路中間。這時沒有路燈，也沒有月亮。眼看那個人就要被汽車撞倒了，但汽車忽然剎住了，是什麼原因？」

有人答：「因為醉鬼的眼睛發光。」

有的答：「因為醉鬼大聲叫喊。」

都不對。正確的答案是：當時是白天。

☺**大智慧：**

最簡單的答案你往往想不到，因為你好像早已習慣了，以複雜的方式來理解這個世界。

誰打破了碗

晚飯後，母親和女兒一塊兒洗碗盤，父親和兒子在客廳看電視。

突然，廚房裡傳來打破盤子的響聲，然後一片沈寂。

兒子望著他父親，說道：「一定是媽媽打破的。」

「你怎麼知道？」

「她沒有罵人。」

☺ **大智慧：**

我們習慣以不同的標準來看人看己，以致於往往是責人以嚴，待己以寬。

我的錢

一位好心的男子常把錢給他家附近的乞丐。

有一天，這乞丐對他說：「先生，我想請教你一個問題，兩年前，你每次都給我十元，去年減為五元，到了今年，每次只有一元。這是什麼緣故？」

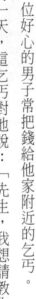

那人答道：「兩年前我還是個單身漢，去年我結了婚，今年家裡又添了個孩子。為了家用，我只好節省自己的開支。」

乞丐聽了生氣地說：「你怎麼可以拿我的錢，去養活你的家人！」

☺**大智慧：**

一切以自己為中心，這是很多人的通病。

經驗主義

已出版兩部小說的作家安妮與喜好文學的麥克爭論著。安妮終於忍不住暴跳如雷地說道：「不，麥克，你根本不知道什麼是小說。因為你連一本小說也沒有寫過。」

「沒這回事，」麥克說道，「這樣的論調實在是很差勁的經驗主義。你想想看我不曾生過雞蛋，但菜肉蛋卷味道如何，我可是比母雞還清楚。」

☺**大智慧：**

經驗主義確實是要不得的。

如釋重負

約翰被牙疼折磨了幾天，終於下決心去找牙醫。他戰戰兢兢地按了門鈴，護士說：「對不起，大夫不在家。」約翰如釋重負地問：「您能否告訴我，下次他哪天不在家，我可以再來？」

☺ **大智慧：**

有了問題，一定不要逃避。否則，小問題終會變成大問題。

你譏我諷

法國名人波蓋取笑美國人歷史太短，說：「美國人沒事的時候，往往喜歡懷念祖宗，可是一想到祖父一代，就不能不打住了。」

馬克．吐溫回敬說：「法國人沒事的時候，總是想弄清他們的父親是誰，可是卻很難弄清。」

☺ **大智慧：**

沒有歷史和傳統未必是件壞事情。

康得的驚訝

康得的朋友和一位婦女告別，康得問他：「這是你的未婚妻？」

「是的。」這位朋友回答，「你對於我的選擇感到驚訝嗎？」

康得笑著說：「不，我驚訝的是她的選擇。」

☺**大智慧：**

我們習慣於從別人的態度中揣測別人的想法，這是動物的本能性。但是作為智慧動物的複雜性，微笑並不總是意味著贊同。瞭解別人想法的最好辦法是——問清楚。

說謊

一個已婚的男子和他的祕書，正進行著火辣辣的婚外情。

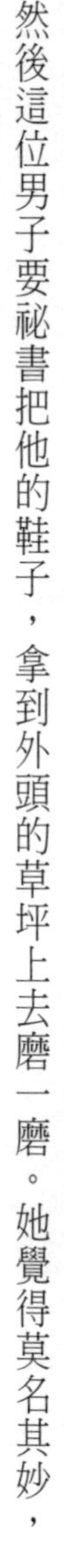

有一天下午，他們再也隱藏不了心中燃燒的熱情，兩人就一路衝到祕書的住處，纏綿了一整個下午。完了之後，兩個都累了，一直睡到八點才醒來。他們趕快整裝，然後這位男子要祕書把他的鞋子，拿到外頭的草坪上去磨一磨。她覺得莫名其妙，

不過還是照他的話辦。

男子終於回到了家。太太在門口迎接他回來，生氣的問他上那兒去了。

男子答道：「我老實說。我的祕書和我有一腿。我們倆今天提早下班，然後到她住的地方纏綿了一整個下午，因為太累了所以睡著了。那就是我為什麼晚歸的原因。」

太太瞧瞧他，注意到了他的鞋子，然後說：「我看到你鞋子上有草，你又跑出去打高爾夫球了，對不對？」

☺**大智慧：**

當人費盡心思尋去找真相的時候，反倒沒有發現其實它就掛在嘴上，只是人不願意去相信罷了。這是人的一種思維的迷思，也是常常被他人利用的弱點。

使水沸騰的人

C・H・司布真是英國浸信會教的負責人。他以自己的口才和文學才華俘獲了大批的聽眾，也使他在二十歲時就成了一名著名的傳教士。當然也就免不了成為輿論

中心，不過他都能淡泊處之。

一次，他又被評定他的功績的眾多爭論者所包圍。一位朋友開玩笑地說：「我聽說您又掉入了熱水之中。」

「不止我一個人在熱水中，」司布真說道，「其他的人也都在熱水中，我不過是個使水沸騰的人。」

☺ **大智慧：**

一個人最難的是能清楚的明白自己，並能給自己定位，尤其是在有些成就之後。

提琴不喝茶

一位貴婦邀請帕格尼尼第二天到她家去喝茶。帕格尼尼接受了邀請。貴婦很高興，告別時，笑著對帕格尼尼補充說：「親愛的藝術家，請你千萬不要忘了，明天來的時候帶上您的提琴！」

「這是為什麼？」帕格尼尼故作驚訝地說，「夫人，您是知道的，我的提琴從

不喝茶。」

☺**大智慧：**人性都有這樣占小便宜的心理，希望能用較少的付出換來很多的收益。可是天下並沒有免費的午餐。

水中閉氣

「你會在水中閉氣嗎？」

「那誰不會！」

「你能在水中待多久？」

「那可就得視情況了。」

「怎麼說？」

「我在水中的時間長短，完全看你何時把我拉出水面。」

☺**大智慧：**人說大話的時候從來都是脫口而出的，就是被別人識破了，也死要面子決不改口。

羨慕

「猴子的生活比人要好多了。」

「為什麼？」

「它們不會說話，因此也就沒有挑撥、中傷、造謠這類的事情了。」

☺**大智慧：**

語言本是萬物之靈的傑作，但卻誘發了人的身上一些比動物還要惡劣的品質和習性。一切的猜疑、中傷、造謠都因它而起，一切的禍端、矛盾和衝突也都是由此而生。

不會自殺

「請問，家父是自殺身亡的嗎？」

「怎麼可能，他曾經是個大夫。」

☺**大智慧：**

能看透別人問題的人，未必能解脫自己。

請假

亨利打電話給公司經理，說他因為喉嚨發炎，不能前去上班。

「如果你是喉嚨發炎，為什麼在電話裡說話聲音還不輕點？幹嘛還要大喊大叫的？」經理不無懷疑地問。

「我說話聲音為什麼要輕一點？喉嚨發炎又不是什麼祕密。」

☺**大智慧：**

也許事情本身沒有可指責的，但若成為你說謊的理由，便不怎麼光彩了。

公雞

「你的這隻公雞一定非常懶吧？」一位農民問另一位農民。

「哪兒的話！每天天一亮，當鄰居家的雞開始打鳴時，我的雞總會從夢中醒來，不斷地點頭表示同意……」

☺**大智慧：**

只是聽取別人對於事情的見解，而一味地附和，這也是懶惰的一種。

大夫的難題

醫生對一位上了年紀的病人說：

「請原諒，夫人。我實在無法使您變得年輕。」

「這我並不需要。我只希望能使我不再衰老就行了。」

☺**大智慧：**

試圖改變將來必然的趨勢，與要取消過去的印記，同樣都是人的非分之想。

探視

兩個砍柴的人敲著森林中小屋的門。

「您好！」

「您好！」屋主人回答道。

「我們剛才在森林裡發現了一具屍體，我們擔心會是您呢！」

「長什麼樣子呢？」

「跟您的身材差不多。」

「是穿紅色法蘭絨襯衫嗎？」
「不是，是深棕色的。」
「那麼，謝天謝地，他不是我。」

☺ **大智慧：**

有時人好像習慣了讓外在的東西把自我淹沒，以至於在一些時候他們還要靠這樣或那樣的標簽，才能辨認出自己。

羊和鴿子

法官轉向被告問道：「你的妻子肯定地說，你對她很殘酷，她無法跟你生活下去。你有什麼要替自己辯解的嗎？」

「這是個藉口，她把一隻山羊帶進我們的臥室，並且硬要讓這隻山羊住在哪兒，可以想像，臥室裡的氣味多麼臭。這，我無法忍受。」

「難道您就不能打開窗子嗎？」法官問。

「那怎麼行？這樣，我的所有鴿子不就都從臥室飛走了？」

☺**大智慧：**

很多時候，我們最先考慮的總是自己。一味的埋怨他人的缺點，卻對自己的錯誤視而不見。

無理的抱怨

兩個人一起吃飯，只有兩條魚，一大一小。一位先把大的吃了，另一位勃然大怒。

「太不應該了！」他抱怨說。

「怎麼了？」另一位問。

「你吃掉了那條大的，如果我是你就不會這樣做。」

「你會怎樣呢？」

「我當然是先吃小的。」

「那好哇，你抱怨什麼，那條小魚不是還在那裡嗎！」

☺**大智慧：**

人性的自私總是在不經意間被發現，很多時候我們的抱怨並不是為了使事情變

得更公平，而是希望自己獲得的更多一些。

聽大夫的

有一路人被卡車撞倒，而被送進了醫院。醫生只粗略地看了一下，便說人已經死了。

聽到這句話，躺在擔架上的路人動了動身子，大聲說：「我怎麼會是死了？我還活著。」

「噓，別出聲，」路人的妻子說，「躺好，不要動，一切都要聽從大夫的，大夫的經驗最豐富。」

大智慧：

面對權威，人很容易放棄自己的判斷，哪怕眼前還有鐵一樣的事實，在向他證明權威的錯誤。

正路

父子倆上街趕集，路過一個轉彎處，兒子嫌轉彎的路太遠，就從田野裡抄近路

走過去，父親呵斥他的兒子不走正路走歪路。不久，父子倆又從這裡路過，發現抄近路的地方已踩出一條新路，原來的彎路已很少有人走了，父親不知不覺地也跟著兒子走這條近路。

忽然，兒子發現原來的轉彎路上走著的行人不小心摔倒了，要過去攙扶。父親瞪了他一眼訓斥道：「不好好走正路，管那走歪路的做什麼！」

☺ **大智慧：**

即使知道是謬誤，但隨聲附和的人多了，謬誤反倒成了真理。人往往用從眾的心理來獲得群體的認同，也正因此失去了自己的立場、原則。

傳教士買雞

一位養雞場的主人一向不喜歡傳教士，認為他們假仁假義。所以，總信口散佈傳教士的壞話。

一天，有個傳教士來買雞，生意上門總不好往外推，就讓他自己挑，結果他挑

了半天，選了一隻毛掉得差不多，禿頭又跛腳的公雞。主人很納悶的問為何要挑這隻雞，傳教士回答：「我要回去把它養起來，路過的人問起我就說是你養的雞。」

主人連忙搖手說：「不行，我這裡其他的雞都很好，這隻不知怎麼回事，你拿它當代表，這對我實在不公平。」

傳教士笑著說：「同理，你拿的別傳教士的行為來當代表，對我們來說，也是不公平的。」

☺ **大智慧：**

人們的思維中總有先入為主、以偏概全的習慣，人與人之間，需要更寬廣、更全面的觀點，不要一竿子打翻一船人，便可避免許多可能出現的失衡。

威利高聲祈禱道：「上帝啊！求你在我生日的那天，賜我剛才想買的那件玩具吧！」

姐姐說：「弟弟，不要太大聲啊！上帝並不是聾子。」

威利輕聲地答道：「姐姐，我是怕媽媽聽不清楚呀！」

☺**大智慧：**

我們總是假裝將自己的要求，在一個人的面前說給另一個人聽，其實我們大家都清楚，誰才是真正在聽的那個人，誰又是能夠滿足你願望的那個人。心照不宣的事情時有發生。

取名

有一個婦人，快要生產時肚子疼得特別厲害，就對丈夫發誓說：「從今以後，我再也不想生小孩了。」

丈夫說：「我都聽你的。」女兒出生後，夫妻倆商議給孩子取名字。妻子說：「就給她取名叫『招弟』吧！」

☺**大智慧：**

人因為痛苦而想放棄一切的想法，通常都在疼痛過後，又馬上熱情地投身到自己發誓棄絕的事情中去。

八歲的小亮亮自豪地坐在觀眾席上，緊張地等待足球比賽開始。有一位先生彎下腰來問他：「小朋友，你的票從哪兒來的？」

「從父親那裡拿到的。」

「你父親呢？」

「他大概還在家裡找他的票哩！」

☺ **大智慧：**

自私地獲取利益，來滿足自己的慾望或許很舒心暢快。但是，你有沒有想過，那個被你傷害的人，那件被你搞壞的事，都淹沒在你自私的影子裡——人性最黑暗的深淵！

愛花錢的妻子

妻子拿著一疊帳單向丈夫抱怨說：「都怪你月初大吃大喝，現在沒錢了。這房租、水電費、瓦斯費……怎麼付？」

「都怪我不好，我的毛病是：有錢就要花。」丈夫作了一番檢討，見妻子消了

氣，又補充了一句，「而你的毛病是：沒有錢也要花。」

☺ **大智慧：**

婚姻中雙方最理智的時刻，莫過於是在當對方犯錯的時候。

老天爺

一天深夜，有個小偷闖入了一所大房子。他事前已經確信主人不在家。正當他走過客廳的時候，突然聽到有人說：「老天爺在看著你。」

小偷背脊一陣發涼，動也不敢動。過了好一會兒，再也沒有別的聲音，於是他繼續往前走了兩步，卻又聽到有人說：「老天爺在看著你。」

一隻鸚鵡在籠子裡對他說話。

「原來是你！」小偷鬆了一口氣，「剛才就是你在對我說話嗎？」

「沒錯。」鸚鵡回答。

「你叫什麼名字？」小偷問道。

「克拉倫斯。」鸚鵡說。

小偷忍不住笑了起來：「哪個傻瓜會給自己的鸚鵡，取名叫『克拉倫斯』？」

鸚鵡冷笑道：「就是同一個傻瓜給他那隻看家的大狼狗，取名叫『老天爺』。」

☺**大智慧：**

我們對他人的嘲笑，往往是建立在我們自以為獲勝的基礎之上的，可是這種於嘲笑中的自我放鬆，卻更容易讓我們失敗，並成為他人的笑柄。

剪報做啥用

妻子見丈夫在剪報紙，好奇地發問。

丈夫答道：「我剪的是一篇有趣的報導，說的是一位男人因妻子老搜他的口袋而最終離婚。妻子又問道：「你要它幹什麼？」丈夫答道：「放在我的口袋裡。」

☺**大智慧：**

當我們知道了他人所懼怕的事情，並因此而讓我們採取了一定的對策，保全自己的時候，總是忽略了其實這種保全的本身，就代表著我們所懼怕的事由，早已被他人所發現。

高招

某地的洗車業競爭得很厲害。有個洗車中心貼出了一張告示說，他們為紅色車輛提供優惠服務。一個星期後，又變成了藍色車。再後來，各種顏色的汽車都輪了一遍。

不久以後，當人們開車又路過此地時，看到大排著長龍的小汽車，卻沒有優惠服務的告示。新的廣告牌上是這麼寫的：「您的妻子打電話來，叫您不要忘記洗汽車。」

☺ **大智慧：**

當人們的一種消費，只是單純的為了他們自己的時候，在某些時候，總是可以將其省略掉。而當這種消費是為了他們獲得別人的肯定時，往往總是會讓人們不惜重金選擇最好的。

擔心

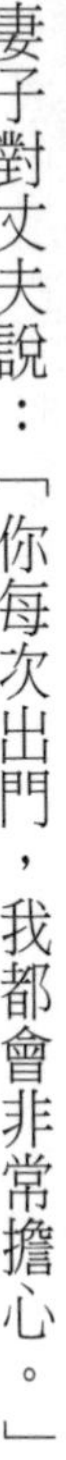

妻子對丈夫說：「你每次出門，我都會非常擔心。」

「親愛的，別擔心，」丈夫安慰她道，「我會隨時回來的。」
「這正是我所擔心的。」

☺**大智慧：**

「擔心」這個詞，其實是個情感色彩很曖昧的詞，因為，當你對一個人說擔心的時候，他一定會認為你是在為他考慮，而事實上，你所有的擔心都是由於你自己無法承受，你所不希望發生的事情發生後的結果而已。

不走運的丈夫

一婦女對其女友說：「我丈夫當過軍官，曾多次參加抗戰。他的運氣很差：每次抗戰，他不是失一隻胳膊，就是掉一條腿。」
「他參加過多少次抗戰？」女友頗感興趣地問。
「八次。」那女人不無自豪地答道。

☺**大智慧：**

當一種虛榮心足以掩蓋了自身應有的常識的時候，我們力求得到稱讚的，就會變成我們為之羞恥的。

亞當夏娃

一個英國人，一個法國人，一個蘇聯人一同欣賞一幅畫：伊甸園裡亞當夏娃的畫。

「他們顯然是英國人，」英國人說，「她只有一個蘋果，卻送了給他吃。」

「不，」法國人說，「他們一起裸體吃水果，一定是法國人。」

「他們是蘇聯人，」蘇聯人斬釘截鐵地說，「他們沒衣服穿，差不多沒東西吃，卻仍然以為自己在樂園裡。」

☺**大智慧：**

自欺欺人的行為，受害的最終是自己，能意識到自己的錯誤的人無疑是智者。但生活中的我們，總是能看到別人的問題，卻很少反省自己。

轉向

一醫生正在檢查病人，突然護士十萬火急地跑了進來：「醫生，那個你剛看過

的病人出醫院門的時候又倒下了。我該怎麼辦呢？」

醫生鎮定自若地說：「把他轉個向，就好像他剛從門外進來一樣。」

☺ **大智慧：**

當我們意識到自己的作為不再具有價值的時候，我們立刻能想到的解決方式總是推卸責任，製造與己無關的假像。因為當我們意識到無法取悅一個人的時候，我們就會想盡辦法獲得大眾的同情與認同。

醫生，那個你剛看過的病人出醫院門的時候又倒下了。我該怎麼辦呢？
把他轉個向，就好像他剛從門外進來一樣。

part2
笑談思維的定勢與改變

WE ARE
NOT
FUNNY
AT ALL

救火

一天，數學家覺得自己已經對數學不再有興趣了，於是他跑到消防隊去應徵，他想當個消防員。

消防隊長說：「您的體格看上來還不錯，可是我得先給您做一個測試。」消防隊長帶數學家到消防隊後面的小巷子，巷子裡有一間倉庫，一隻消防栓和一卷軟管。

消防隊長問：「假設倉庫起火了，您該怎麼辦？」

數學家回答：「先把軟管接到消防栓上，再打開開關，然後把火澆滅。」

消防隊長說：「完全正確！」

再問一個問題：「假設您走進小巷，而倉庫沒有起火，您該怎麼辦？」數學家疑惑地思索了半天，終於答道：「我就把倉庫點著。」

消防隊長大叫起來：「什麼？太可怕了！您為什麼要把倉庫點著？」

數學家回答：「這樣我就把問題簡化為一個我已經解決過的問題了。」

☺ **大智慧：**

求知是人的本性，只有不斷的探索，才能豐富人生的閱歷；因循守舊，故步自

封，根本無法解決層出不窮的新問題。

打賭

約翰和邁克打賭二千美元說他能和瑪丹娜共同高歌一曲，結果他果然贏了。接著他賭他能和柯林頓共進晚餐，邁克又輸了。最後約翰賭他能和教皇一起出席重大的宗教儀式，在那個儀式上，約翰和教皇站在一起，遠遠地他看到邁克旁邊的一個人和他耳語了一句，邁克就暈倒在地上了。

事後邁克解釋說，你和瑪丹娜在一起我不感到吃驚，和柯林頓共進晚餐也沒什麼，可是當你和教皇出現時，我旁邊的那個人問了我一句話，我卻暈倒了。

他問的是：「站在約翰旁邊的那個人是誰？」

☺ **大智慧：**

我們總認為世界上有些事情是眾所周知，理所當然的。但是帶著這樣的經驗論處理事情，有時候可能會出現錯誤。儘管這樣的錯誤不多見。

彈不了的曲子

奧地利作曲家莫札特是海頓的學生。有一次他和老師打賭，說他能寫出一首讓老師彈不了的曲子。

海頓自然不相信。莫札特用了不到五分鐘的時間，就把樂譜的稿子寫完，送到海頓的面前。

「這是什麼呀？」海頓彈奏了一會兒後驚呼起來，「我的兩隻手分別彈向鋼琴的兩端時，怎麼會有一個音符突然出現在鍵盤的中央呢？這是任何人也彈不了的曲子。」

莫札特微笑著在鋼琴前坐下，當彈到那個音符的時候，他彎下身來，用鼻子彈出了那個音符。

☺ **大智慧：**

人都是靠經驗做事情的，難免會墨守成規。有些事情不是不可能，而是你沒有打破習慣性的思維和「遊戲規則」，以至於限制了自己的想像力。

到底哪一個死了

一位學者聽說有一對孿生兄弟當中有一個死了，後來他遇見另一個的時候，就

問道：「你們到底哪一個死了，是你哥哥呢還是你弟弟？」

☺**大智慧：**

過於執著於某種名義上的界定，往往導致人面對事實的不清醒。

我有急事

一位學者騎馬來到一處渡口，上船以後依然騎在馬上。大家問他何以如此，學者答道：「我有急事，這樣不是可以走得更快些嗎？」

☺**大智慧：**

人之所以固守成規，是因為他們不懂得分辨，在不同的狀況下起作用的是什麼因素。

不得了

「我妻子讀完《快樂的兄弟倆》這本書以後，生了一對雙胞胎。」

哈羅德對他的兩個同事說。

「那不算什麼。」一個同事接著說，「我的妻子讀了大仲馬的《三個火槍手》，生下來的是三胞胎。」

另一位同事聽了這一番話，不禁臉色發白，他歇斯底里地喊了起來，

「我的天啊！不得了，我妻子正在讀《阿里巴巴和四十大盜》，我必須立即回家。」

☺ **大智慧：**

不是所有的事情都可以套用同一個公式進行的，太過於公式化的時候，往往是忽略常識最嚴重的時候。

發明

義大利人對猶太人說：「我們在古羅馬的地下發現了電纜，這說明了在我們祖先的時代就已經發明了電話通訊了。」

猶太人：「那你知道在我們耶路撒冷發現了什麼嗎？」

義大利人：「什麼？」

猶太人：「什麼也沒發現。」

義大利人：「啊！？」

猶太人：「那說明了我們的祖先早已經發明了無線電。」

☺ **大智慧：**

反敗為勝有時候是源於另類的思維。

新澤西的獵人

兩個來自新澤西的獵人在森林中打獵。一個人突然倒在地上，翻起白眼，停止了呼吸。同伴看到這種情況，便拿起手機，打電話給急救中心。他驚慌地對值班人員叫道：「我的朋友死了！我怎麼辦？」

值班人員溫和地說：「不要緊張，別著急，我來幫助您。可是您得讓我們相信，他確確實實死了。」

一片寂靜……接著傳來一聲槍響。獵人又拿起電話，說：「好了，接下來怎麼辦？」

☺ **大智慧：**

一成不變的墨守成規以及不假思索的去處理問題，只會導致令人錯愕的結果。不同的事物有不同的規律，想要一勞永逸的解決問題是絕對不可行的。

鉛筆和圓珠筆

美國太空總署首次將太空人送上太空，但他們很快得到報告，太空人在失重的狀態下，使用圓珠筆根本寫不出字來。

於是，他們用了十年的時間，花了一百二十億美元，科學家們終於發明了一種圓珠筆。這種筆不管是在失重狀態、身體倒立、水中、任何平面物體、甚至是攝氏零下三百度皆能使用。而俄羅斯人在太空一直都是用鉛筆。

☺ **大智慧：**

做事情頭腦有時需要轉個彎，不能一成不變，切忌陷入死胡同。有時可以用簡單、快捷、便宜的方法去解決的問題，為什麼非得弄得那麼複雜化呢？峰回路轉後就是柳暗花明又一村。

賣東西

一位顧客到商店去買雨傘，店員說：「對不起，沒有。」

顧客失望地離去後，老闆對店員說：「不能對顧客說沒有，你應該向顧客推薦其他類商品。例如，你可以這樣說：對不起，我們沒有賣雨傘，但我們這裡有賣雨衣。」

過了一會，又來了一位顧客，問：「您這裡有賣衛生紙嗎？」

這個店員回答道：「對不起，沒有賣衛生紙，但我們這裡有賣砂紙！」

☺**大智慧：**

思維僵化固然可悲，但僵化地去「舉一反三」就讓人更覺得可笑了。

題詞

某君上館子去吃鯡魚，廚房的外面擺滿了活蹦亂跳的鯡魚，剖開了的鯡魚，可以油炸、醬煮、椒炒，別說吃，光看著也都是種享受。

某君坐定一望，對面牆上有一幅醒目的大字，「最挑嘴的人，對這兒的鯡魚也

無可挑剔——華盛頓」。

某君大吃一驚：呀，美國總統華盛頓還題了詞呢！怪不得這兒的廚師、服務生一個個都顯得自豪呢！

他問女服務生：「這真是華盛頓先生題的詞嗎？」

「是呀，是我家老闆寫的。」

☺ **大智慧：**

「老王賣瓜」歷來為貶義，不去刻意的遵循習慣，而去造就自己的規則，結果可能會別有洞天。

立雞蛋

有一天，義大利航海家哥倫布在一個西班牙人家裡吃晚飯。有幾個客人妒忌他的成就，千方百計地想貶低他的功績。

他們說：「發現美洲不是件十分困難的事，只要動動腦筋就可以辦到。」

哥倫布沒有回答，拿起一個雞蛋，便對西班牙人說：「你們有誰能夠使這顆雞

蛋直立起來？」

他們每個人都試了試，但是誰也沒有成功。這時，哥倫布拿起雞蛋在盤子裡輕輕地敲了幾下，雞蛋的一端碎了，於是雞蛋穩穩地直立在桌子上。

「這太容易啦！」大家叫了起來。

哥倫布笑著對大家說：「完全正確，只要動動腦筋就可以辦得到。」

☺ **大智慧：**

確實很簡單，就看你動不動腦筋。有許多人不是也成天在抱怨及嘲笑別人這也不行，那也不對，而當自己去做時，什麼也做不成。

傳統的思考方式已成為一種習慣，而使人在自縛的繭中無力自拔。當一種新事物來臨時，一般人除了嘲笑、懷疑之外便是無動於衷，無能為力。

少年的請教

有個少年問莫札特該如何寫交響樂。

莫札特回答道：「您現在寫交響樂還太年輕，為什麼不從寫敘事曲開始呢？」

少年反駁道：「可是您開始寫交響樂時才十歲呀？」

「對，」莫札特回答道，「不過當時我可沒有問過誰交響樂該怎樣寫。」

☺ **大智慧：**

因循守舊永遠都不會有大的作為，真正的創造是從未知開始的。

隨機應變

一次一家旅館要徵服務人員，前來應聘的人很多。老闆想考考他們：有一天當你走進客人的房間，發現一名女客正在裸浴，你該怎麼辦。

眾人都搶著回答，有的說「對不起，小姐，我不是故意的。」有的說「小姐，我什麼都沒有看見。」老闆聽後不停的搖頭，這時一個年輕人走上前說：「對不起，先生！」

結果他被錄用了。

☺ **大智慧：**

我們經常無法把工作做得更好，只因為我們無法跳出慣有的思維。具有巧思的東西總是源自於對習慣的打破，這也是為什麼蘋果電腦總讓我們期待的原因。

愚人買鞋

很久以前有個不愛動腦筋的蠢傢伙，要到市場上去買一雙新鞋子。他伸出腳來，用稻草桿量了長度後，便匆匆忙忙地向城裡走去。

到了鞋店，店員拿出鞋來讓他挑選。他摸了摸口袋，卻找不到那根稻草尺碼，就對店員說：「對不起，我忘了尺碼，不知道該買多大的鞋，我先回家拿尺碼再過來買。」說罷，拔腿就往家跑。

從家中取回尺碼，不知又跑了多少路。等他氣喘吁吁、滿頭大汗地趕到鞋店時，天色已晚，鞋店早已關門了。他跑來跑去，白白地忙了大半天，還是沒有買到新鞋子。

有人問他：「你是替別人買鞋，還是給自己買鞋？」

愚人回答：「是買給自己穿的呀？」

別人又問他：「你的腳長在自己身上，怎麼不用腳試鞋，何必為了一根稻草尺碼跑來跑去呢？」

☺ **大智慧：**

不要盲目地迷信和崇拜權威。你要知道，權威也是來自生活，來自實際的演練，如果你有了更行之有效的辦法，為什麼還要擔心它會與權威發生衝突呢？

證據不足

蚊帳裡有兩隻蚊子，一隻喝飽了肚子，一隻肚子空空的，妻子讓當法官的丈夫打蚊子。丈夫出手不凡，一掌拍死了那隻喝飽了血的胖蚊子，而對另一隻卻遲遲不下手，妻子問他為何不打，丈夫說：「證據不足。」

☺ **大智慧：**

做事的時候不一定要局限於一些條條框框，要有該出手時就出手的魄力。

走私

有一位老先生，每天都會騎著一輛摩托車從加拿大進入美國。邊界的員警覺得很奇怪，有一天員警就將那位老先生攔了下來，問道：「你每天背的那個包包裡面放的是什麼？」

老先生說，是沙。員警不信！？檢查一看果然是沙，又有一天檢查還是沙，終於有一天，員警實在受不了了，又將那位先生再次攔下來說：「你老實告訴我，你是不是在走私，我絕對不抓你！」

老先生說：「是！」

再問：「那你走私的到底是什麼？」

「摩托車！」

☺ **大智慧：**

有些類似古代買櫝還珠的故事，其實就是利用了人們的慣性思考來轉移注意的重點。

下班

心不在焉的教授下班回家，走到家門口時，他才發現忘記帶鑰匙了。他輕輕的敲著門，屋裡傳出太太的聲音：

「教授上課還沒有回來。」

「是嗎？那麼請您轉告他，就說半小時以後我再來。」

☺ **大智慧：**

在特定情景的引導下，人其實是很容易迷失自己的，尤其是當你心不在焉的時候。

頭髮的問題

湯姆：「媽媽，爸爸的頭髮怎麼那樣少？」

媽媽：「那是因為他用腦過度。」

湯姆：「你的頭髮怎麼這麼多？媽媽！」

媽媽：「因為……」

☺ **大智慧：**

很多時候我們對事情所做出的解釋，其實是經不起推敲的，對已經習慣了這種邏輯的人來說，是不會意識到這一點的。

誠實的證人

法官：「證人，在你作證之前，我先告訴你，在法律面前，你只能講你親眼看到的事情，不要講從別人那兒聽到的事，明白嗎？」

證人：「明白了！法官先生。」

法官：「我有幾個問題要問你。請你先告訴我，你是在何時何地出生的？」

證人：「天哪！我尊敬的法官，我無法回答您，因為這是我母親告訴我的。」

☺**大智慧：**

過於呆板的形式化只會讓我們無所適從，只有真正明白了實質的意涵，形式才會現出它應有的意義。

湯匙

母親抱著生病的孩子去醫院。醫生看過之後說：

「別擔心，夫人。孩子沒有什麼大病。您只要一天餵他喝七湯匙的藥水，咳嗽會很快減輕的。」

「哎呀！我們家裡只有六支湯匙啊！」

☺**大智慧：**

機械式的思考方式，嚴格來講應該不算是思考方式的一種，因為它不但無法指導反而阻礙了行動。

蠢貨

「蠢貨！犯人竟然從你們的眼前給溜走了！」長官勃然大怒，「難道你們沒有遵照我的命令，封住劇院的所有出口嗎？」

「我們已經封鎖了全部出口，長官先生。看來這傢伙是從入口溜走的。」員警回答。

☺**大智慧：**

不要以為路只有一個出口，任何問題都會有其他的答案。

新手

某人在畜牧場找到一份工作，第一天上班時，老闆給了他一個木桶和一張木凳好讓他去牛棚擠奶，他快樂地領命而去。下班的時候，老闆見他被濺了滿身的牛奶，而且那張木凳的腳也斷了，就問他：「怎麼了，這工作很難嗎？」

他哭喪著臉答道：「擠奶倒不難，難的是讓乳牛坐到凳子上去。」

☺ **大智慧：**

犯人竟然從你們眼前溜走！難道你們沒有遵照我的命令，封住劇院的所有出口嗎？
POLICE
KEEP OUT!
我們已經封鎖了全部出口，長官先生。看來這傢伙是從入口溜走的。

打錯電話

有時候可能就是因為我們自己在理解上的偏差，所以才會讓事情變得格外的複雜。而我們自己卻還是堅信自己所理解的是正確的，並由此而抱怨不已。

「喂！是『雷蒙酒吧』嗎？」

「不是，這裡是私人住宅。」

「但我要打的是『雷蒙酒吧』啊！」

「那您怎麼打到我這裡來呢？」

「是不是你們的電話號碼跟『雷蒙酒吧』一樣？」

「不是。」

「那為什麼你要拿起聽筒呢？」

☺ **大智慧：**

我們一味的責問別人「為什麼」的時候，可能正是我們該向對方告知「為什麼」的時候。

豈有此理

有個人喜歡學別人說話，一天，在路上聽別人說「豈有此理」，覺得很有意思，因為生怕忘記了，就不停地默念「豈有此理」、「豈有此理」……

過河坐渡船的時候，因為忙亂，他把「豈有此理」給忘記了，便在船上到處尋找。船家問他掉了什麼東西，他說：「是一句話。」

船家說：「話還能掉，真是豈有此理！」

他一聽忙說：「哎呀！豈有此理原來是被你撿到了，為什麼不早說！」

☺ **大智慧：**

學習知識需要深入理解，才能靈活運用。不求甚解，死記硬背，免不了會鬧出笑話來。

尋找木凳子的腳

很久以前農村坐的凳子，大多數是用現成的樹枝丫叉作腳。一有戶人家的一張凳子斷了一隻腳，主人讓僕人到山上找一根相似的來，僕人帶著斧頭到山裡去了一

整天，結果卻空著手回來了。

主人責罵他無用，他辯解說：「丫叉多的是，但卻都是朝上長的，沒有一個朝下的。」

☺ **大智慧：**

做事應該頭腦靈活，善於變通，有些難題其實很簡單，稍微轉換一下思考的方式，難題就可以迎刃而解！

棉被更熱

夏季氣候炎熱，有個人睡覺時還裹著一條被單，睡得大汗淋漓，痛苦不堪。別人看了都替他難受，就問他：「大熱天裡蓋著被單睡覺，又是何苦呢？」這個人很委屈地說：「我有什麼辦法？如果蓋著棉被那不是更熱嗎？」

☺ **大智慧：**

人們在思考問題時，往往容易陷入非此即彼的框架裡，也因此限定了自己的思路。其實，只要你打開思路，跳出巢臼，就會發現，世界是那樣的廣闊。

只認蘋果

父親：「現在有十個橘子，吃掉了三個，還剩幾個？」
兒子：「不知道，我們在學校都是用蘋果做例子。」

☺ **大智慧：**

生活中的我們，是不是也經常如此的倔強保守和墨守成規呢？多數時候，生活的路其實並沒有封死，而是我們自己把自己封閉，困守圍城——還是變通一下吧！生活到處充滿希望。

怎能不哭

動物園的一頭大象死了，管理員在旁邊痛哭失聲！遊客們都說，他平日一定很喜歡這頭象，所以不忍大象死去。

一位知道內情的人說：「不，按規定，他要負責為大象挖個墓坑。」

☺ **大智慧：**

世界上的一切事物都是有所關聯的，前因後果，井然有序，所以在我們思考問題的時候，一定要廣泛的斟酌和仔細的揣摩，這是連接智慧殿堂的永恆通路！

誰是老外

初到美國時，幾個台灣的同學請我到一家中餐館給我接風洗塵。小林看到隔壁桌的幾個老外用筷子吃飯，便說：「現在會用筷子的老外越來越多了！」

小王接著說：「那些老外不但會用筷子，還會點菜呢！他們再也不是只會點小菜、春捲了。」

小張正要開口，只見鄰桌一個已吃飽喝足的老外，慢條斯理地走到我們桌前來，用他那極其標準的京片子說：「請你們搞清楚，在這裡，你們才是老外。」

☺ **大智慧：**

變化是絕對的，不變是相對的。當現今時代以前所未有的速度劇烈改變時——我們的思考慣性也應該要更加靈活懂得變通！因為意識到變化才能掌握現在和迎向未來！

神像裡的金子

有個窮人供奉了一尊神像。他虔誠地祈求神明為他賜福，結果他變得越來越窮了。後來，他一氣之下抓起那尊神像往牆上摔去，神像的頭破了，頭殼裡掉出許多金子來。

這人把金子撿起來，大聲地說：「我看你既可惡又愚蠢，我尊敬你的時候，你一點好處也不給我；我打爛你之後，你卻給了我這麼多好東西。」

☺大智慧：

藝術大師畢卡索有句名言：「創造之前必須先破壞。」破壞什麼？傳統的觀念，傳統的規則在我們眼裡都應在破壞之列。

在生活中，我們常常自覺或不自覺地製造了很多很多神像，漸漸地習慣仰視，習慣了充當不動腦筋思考的信徒。我們不知道每尊神像裡，其實都可能藏著金子。打碎它，把你的思維拯救出來，收穫自己的金子！

可笑的「問候」

柯林頓當政時期，某國元首準備到美國訪問，臨行前向翻譯求教如何用英語跟柯林頓打招呼。

翻譯指點道，見到柯林頓你就說「How are you?」，柯林頓肯定說「Fine, thank you, and you?」而您只需說「Me too」就行了。

訪問那天，元首面對走上前迎接的柯林頓總統，竟口誤說了句：「Who are you?」，柯林頓大吃一驚，但仍風趣的回答說：「I'm Hillary's husband」這時只見元首微笑著看了看對面的希拉蕊，然後點點頭，無比堅定地對柯林頓說：「Me too」

☺ **大智慧：**

世間沒有一成不變的規則，實際情況發生變化時，你的應對政策也要相應的有所變化，故作聰明的堅持難保不會弄出類似的笑話，可想而知其後果是何等的尷尬。

無字天書

老張身體不適去看醫生，醫生診斷後，只在處方單上畫了一個大大的「？」讓他交給護士。

老張很不安，心想：「我以為是小毛病，怎麼醫生打了一個大問號，難道我病

得很重嗎？」

老張便請教護士，護士淡淡地答道：「沒什麼，只要打打點滴就好了。」

☺ **大智慧：**

生活看似平淡如水，驚世駭俗和奇思妙想總是絞盡腦汁也終歸難產——但這會不會是我們的心太封閉和習以為常了庸俗了呢？

當你沒來

兩個不識字的人，受人委託辦理喪事。喪家要求他們倆人把前來弔唁者的名字都一一記下。這兩個人商量了一下，決定對每一個來弔唁的人說：「死者遺言，請諸位在簽到本上簽名。」

後來，來了一個客人也是不識字的，他悄悄地請兩個人代為簽名。他們連忙壓低聲音答道：「我們只當你沒來好了！」

☺ **大智慧：**

靈活，是在堅持總原則的基礎上，根據不同的情況採取不同的辦法，把事情辦

的乾淨、俐落。本末倒置的方法千萬要不得。

樹菱

有個山裡人到了水鄉，在一棵大樹下閒坐，見到地上有個菱角，便撿起來吃了，他覺得味道很甜，便爬上大樹，一枝一枝地找。

找了半天，一個也沒找著。他十分納悶地說：「這麼大的一棵樹，難道就只生這麼一個。」

☺ **大智慧：**

古有守株待兔，今有爬樹找菱。有執著的精神確實令人讚歎，但首先要搞清楚它是不是能把你帶到你想到達的目的地。

part3
笑談表達的溝通與理解

WE ARE NOT FUNNY AT ALL

打獵

「那次打獵我一共打死了十二隻野雞。」一位獵人對他的朋友說。

「可是，爸爸」，獵人的兒子說，「去年那次你不是說只打死了七隻嗎？」

「去年你還太小，有些事還不能全都告訴你。」

☺ **大智慧：**

看來，語言真的是謊言的罪魁禍首。

倒楣

詹妮小姐下夜班，看見一個男子張開雙手向她走來。「色狼！」詹妮小姐罵道，一腳往那男子的腹部踢去。只聽嘩啦一聲，男子大叫：「天那！第三塊玻璃還是沒能保住！」

☺ **大智慧：**

有時候，我們必須注意到自己的行為是不是被別人誤會。尤其是面對異性的時候。

禁止和不禁止

守林人走到池塘的附近，他發現有個人在游泳他走上前問道：

「喂！你沒看見池塘邊上的牌子嗎？這裡禁止游泳。」

「先生，我沒游泳，我是掉進去了。」這個人答。

「是嗎？那就另當別論了。」守林人說，「這個不禁止。」

☺ **大智慧：**

若刻意去鑽研，那天底下就沒有什麼東西是不存在漏洞的，尤其是語言。

我們的

教堂的女清潔工向新上任的神父說，房子需要整修一下。

「神父你的屋頂需要修理。」她說，「你的水錶也出了問題，還有，你的鍋爐也時常故障。」

「太太」，神父善意的提醒她，「你在這裡的時間比我還要長，何不說是『我們』的屋頂和『我們』的鍋爐？」

數星期後，神父和主教及其它神職人員開會時，女清潔工十分驚慌地跑了進來。「神父，神父」，她嚷道，「我們的臥室裡有隻大蟑螂，就在我們的床底下！」

☺**大智慧：**

語言是一種非常深奧的藝術，同樣的語言由不同的人，在不同的地方用不同的語氣來表達，它都會產生不同的效果。努力把意思表達清楚，不讓別人產生歧義，是我們使用語言的基本目的。

煮竹席

有一個從小就在都市長大的人到南部鄉下去，鄉下人請他吃筍。他問：「這是什麼？」鄉下人回答說：「是筍子，長大後會變成竹子。」

這個人回到家裡，認為竹席既然是竹子做的，應該也是可以吃的，便把床上的竹席拿來煮，煮來煮去卻煮不熟，他非常的生氣，就跟妻子說：「鄉下人真狡猾，專門捉弄別人！」

☺**大智慧：**

對事情沒有徹底的瞭解，只一知半解，便魯莽地去做，是做不好的。

農場和老爺車

有一個農場的主人常誇耀他的農場：「我開車沿著我的農場從南邊開到北邊，得花上兩天的時間！」

有一個聽眾深表同情：「是啊！當年我也有這麼一部老爺車」。

☺ **大智慧：**

當人的自負足以引起他人的反感時，這種自負的心態將不再是一種虛榮的滿足，而是一種羞恥的咎由自取。

精神對抗

「您知道嗎，昨天公車司機一直盯著我看，彷彿我沒買票似的。」

「那您怎麼辦？」

「很簡單，我也盯著他一直看，就像我已經買了票似的。」

☺**大智慧：**

生活中類似的眼神交會，你我都不會感到陌生——的確，堅定的眼神代表一種力量；可是，若能友好的溝通和交流是不是更具溫馨呢？讓我們的眼睛微笑吧！

削蹄割尾

有一天申先生寫信給他的朋友熊先生。一時，疏忽把「熊」字下面的四點忘了，寫成「能先生。」熊先生一看；又氣又惱，提起筆來寫了一封回信，故意把申先生誤寫成「由先生」，還說：「你削掉了我的四個蹄子，我也要割掉你的尾巴。」

☺**大智慧：**

人與人之間的誤解和衝突也許在所難免——但是至少我們還可以選擇對待的方式：以暴制暴，恩怨何時了？多點理解，多點寬容，多些合作，多些團結，不是更好嗎？大到國事，小至市井，莫不如是！

飯後一支煙

湯姆去醫院檢查身體，醫生告訴他得了肺炎，他就問醫生：「我該如何才能治

好肺炎呢？」醫生說：「你平時要多注意，特別是不要抽那麼多煙，如果控制不住自己，只能飯後抽一支。」

一個月後，湯姆肚子痛又來醫院檢查身體，醫生告訴他患了胃炎，醫生問其原因，他回答說：「我就是依照你指示的呀！我想抽煙時就先吃一頓飯。」

☺ **大智慧：**

生活中，很多人總是犯這樣的錯誤，從自身的需要出發，去理解別人的話，結果卻是害了自己。

淡得有味

父親生日前一天，我去訂了一個大蛋糕，由於父親不能吃太甜的食物，所以我囑咐老闆糖不要放得太多，稍微淡些。那老闆順手在紙上記著：「父親生日稍淡。」第二天，我去拿蛋糕。打開一看，可真是讓人啼笑皆非。蛋糕上寫著：「祝父親大人生日快樂，稍淡敬上」。

☺ **大智慧：**

生活中難免會有誤會。但是很多時候，誤會卻是人為的疏忽所造成的。所以，

遺憾之餘，還是好好的思考一下，如何做到良好的溝通和理解吧！

排輩

古時候有一個人沒有名字，被人入贅後鄰居都喊他姐夫。一次，他跟人打官司，請人寫狀子。

當別人問他名字時，他說：「我叫姐夫。」

狀子遞上去後，縣官升堂：「傳姐夫上堂！」

當差的齊聲喊道：「請姑老爺上堂！」

縣官聽罷，怒喝道：「混帳，什麼姑老爺！」

差人慌忙跪下道：「回稟老爺，您的姐夫不就是我們的姑老爺嗎？」

☺ **大智慧：**

「偷樑換柱」為孫子兵法中之一計。名字相同而實質不同的事物，在生活中造成的誤會不在少數，應儘量仔細的觀察使錯誤減少到最低。

有個自以為很聰明的人，讀到「啥」字時，卻不知道這個字該如何唸了，於是去問另一個人。

「這字念啥呀？」

「這個字嘛，念『啥』。」

「是呀，它念啥呢？」

「念『啥』！」

「我問的就是它念啥？」

「念啥！念啥！我說念『啥』就念『啥』！」

☺ **大智慧：**

一些本來就很熟悉的東西已經擺在眼前，人們卻怎麼也認不出來了。

處世之道

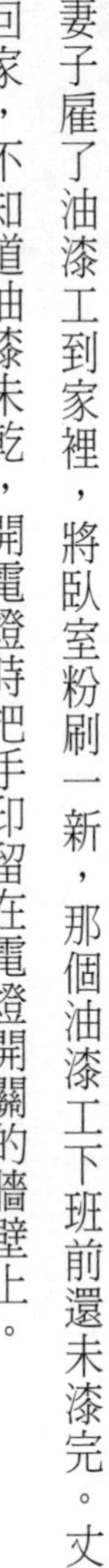

妻子雇了油漆工到家裡，將臥室粉刷一新，那個油漆工下班前還未漆完。丈夫晚上回家，不知道油漆未乾，開電燈時把手印留在電燈開關的牆壁上。

翌日，油漆工來繼續工作，妻子對油漆工說：「請你到臥室來，我讓你看看昨晚我丈夫摸過的地方。」

油漆工尷尬地說：「不太好吧！太太，我是個潔身自愛的人。」

☺**大智慧：**

有些時候我們為之一笑的誤會，不過是語言的功能在不同情境之下的差別。

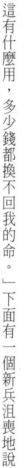

軍人保險

亨特先生被派到美國新兵培訓中心推銷軍人保險。聽他演講的新兵全都自願購買了保險，從來沒人能達到這麼高的成功率。培訓主任想知道他的推銷之道，於是悄悄的來到禮堂，聽他對新兵講些什麼。

「各位英勇的戰士們，我要向你們解釋軍人保險帶來的保障。」亨特說：「假如發生了戰爭，你不幸陣亡了，政府將會給你的家屬賠償二十萬美元。但如果你沒有買保險，政府只會支付六千美元的撫恤金……」

「這有什麼用，多少錢都換不回我的命。」下面有一個新兵沮喪地說。

「你錯了」，亨特不急不徐地說：「你想想看，一旦發生了戰爭，政府先會派哪一種士兵上戰場？是買了保險的還是沒買保險的？」

☺ **大智慧：**

演講中的表達方式很重要，不同的表達方式會給人帶來不同角度的思考方式，也會讓你的演講有不同的反響，你就會得到不同的結果。

求宿

有一個俄羅斯人旅遊時迷了路，晚上走到了中國邊界一個小村莊裡，外面漫天大雪，他冷得快受不了，便去敲農家的門要求借宿一晚。

一個老太太在屋裡大聲問：「你是誰啊？」

俄羅斯人說：「依力奇瓦．莫波洛夫．克里拉維奇！」

「人太多了！」老太太「碰」地把剛打開的門關上，很乾脆地拒絕道。

☺ **大智慧：**

在很多時候我們自認為，對他人的拒絕有著極其充足的理由，可是卻沒發現，

可能只是在言語上的一時誤解，使我們喪失了在我們內心深處，其實並不排斥的事情發生。

曲解

我的朋友搭乘火車在歐洲旅遊時，對火車上美味的飯菜以及車上周到的服務印象很好。一天吃晚飯時她覺得肉很好吃，但那一份肉確實太多。她想留下一些明天做成三明治吃，就請服務人員把它放在狗食的袋子裡。

服務人員笑咪咪的拎著一個鼓鼓的袋子回來了。「夫人，希望您的小狗食慾好。」

他非常有禮貌的說。「我把所有盤子中的剩肉都倒進去了。」

☺**大智慧：**

你內心的想法，他人永遠毫無所知。

他離家時六歲

因為飛機起飛延誤，有一個人在機場等著接人，已經等了三個多小時了。他走

近服務台打聽最新的飛機到達時間。他非常著急，因為他是來接他侄子的，而侄子是第一次自己搭乘飛機。

「男孩多大了？」航空公司的人關心地問。

「他離開家時六歲。」他不客氣地回答。

☺ **大智慧：**

當我們的言語中隱喻著不滿，並且這種隱喻直接而尖銳，那麼這種不滿便已經被傾聽者所接收。只是事實的結果可能是我們發洩了不快，卻讓傾聽者以不予以回應而避之，並使我們陷入更嚴重的不滿之中。

輪流

我的一位朋友到佛羅里達州看望母親時，帶著母親去一家鞋店買鞋。在她試穿不同款式的鞋子時，我的朋友將售貨員拉到一邊說：「她如果挑到一雙她喜歡的鞋，你就告訴她是十二塊美金。真正的價錢由我來付，不管有多貴。」

第二個星期，我的朋友走過鞋店時，售貨員認出了他，並叫他進去。

「怎麼回事？」我的朋友邊往裡走邊問。「我不是把餘額都結清了嗎？」

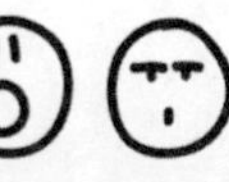

「我知道，」售貨員回答。「問題是你的母親把她所有的朋友都帶來，買了這十二塊美金一雙的鞋了。」
☺ **大智慧：**

我們在瞭解他人的言語的同時，往往忽略了他的內心，那種內心只對你一人充滿了愛的語言，可能會讓我們在不經意之間習以為常，並推之及人。所以善於辨別那種可能只針對你一個人的愛的語言吧！然後在甜蜜中獨自享受。

郢書燕說

楚國國都有人寫信給燕國丞相，夜間書寫，燭光不亮，寫信人就對拿蠟燭的人說：「舉燭。」一邊說一邊就把「舉燭」兩個字誤寫到信上去了。「舉燭」，本來不是信中要說的話。燕國丞相接到信卻很高興，他說：「所謂『舉燭』，就是崇尚光明，尊崇光明，就要選任有賢德、有才能的人。」

燕國丞相把這個意思告訴國王，燕王也很喜歡這個主張。由於起用賢才，國家變得安定繁榮，國家安定了，但卻與那封信的本意並無關係。如今世上的學者讀書

做學問，也有這樣穿鑿附會之意。

☺**大智慧：**

不深入探尋事物的真義，卻好望文生義、穿鑿附會，由此得出的結論往往與原意相悖逆。郢書燕說尚是歪打正著，產生了積極的作用，但若是曲解原意，其結果很可能會產生負面的影響。

秀才買柴

有一個秀才去買柴，他對賣柴的人說：「荷薪者過來！」賣柴的聽不懂「荷薪者」這三個字是擔柴的人，但是聽得懂「過來」兩字，於是把柴擔到秀才前面。

秀才問他：「其價如何？」賣的人聽不太懂這句話，但是聽得懂「價」這個字，於是告訴秀才價錢。

秀才接著說：「外實而內虛，煙多而焰少，請損之。意思是說，你的木柴外表是乾的，裡面卻是濕的，燃燒起來，會濃煙多而火焰少，請減些價錢吧！」賣柴的人因為聽不懂秀才的話，於是擔著柴就走了。

☺ **大智慧：**

最好用簡單的語言、易懂的言詞來傳達訊息，而且對於說話的對象要有所瞭解，有時過分的修飾反而達不到想要達到的目的。

搖自己的頭

在英國議會開會時，一位議員在發言時，見到坐在席上的邱吉爾正搖頭表示不同意。這位議員說：「我提醒各位，我只是在發表自己的意見。」這時候邱吉爾站起來說：「我也提醒議員先生注意，我只是在搖我自己的頭。」

☺ **大智慧：**

在這個沒有上帝的世界上，任何人都沒有權力用自己的言行去影響別人。但是，每個人的言行卻又不自覺地影響著他人，這大概就是薩特所說的「他人就是地獄」的深刻含義吧！

最好的和最壞的

有一天，老爺對侍僕說：「你去宰一隻羊，把最好的給我們端上來。」

侍僕端來了羊舌。

第二天，老爺又對他說：「你再宰一隻羊，把最壞的給我們端上來。」

侍僕端來的仍然是舌頭。老爺問他為什麼？

他說：「要說好的沒有比舌頭更好的，要說壞的也沒有比舌頭更壞的。」

☺**大智慧：**

「眾口鑠金，積毀銷骨」，語言的魔力盡在於此。其實在痛恨的同時，人們又何嘗不是活在別人的評論當中，只不過有人能做到儘量的不在意，而有人卻不能因此作罷。

招聘

古玩店招聘售貨員，一個年輕人前來應徵。

老闆從地上撿起一支小木棒，把它放在紅絲絨墊子上問道：「這是什麼？」

「乾隆皇帝用過的牙籤。」

「好極了，你現在就開始工作！」

☺**大智慧：**

事物本身究竟會有什麼不同呢？它的區別就在於人們怎樣去看待它。

稱讚

「你喜歡我這個新劇本中的那個竊賊嗎？」

「當然，您把這個竊賊簡直寫活了。他無所不偷，就連他的臺詞都是偷來的。」

☺**大智慧：**

記得孔乙己曾為自己辯解道「讀書人的事，能算是偷嗎？」這自然是一種可悲的自欺欺人。並且，所謂偷與竊，其對象不僅是物品，還包含了人的思想。

晚餐的內容

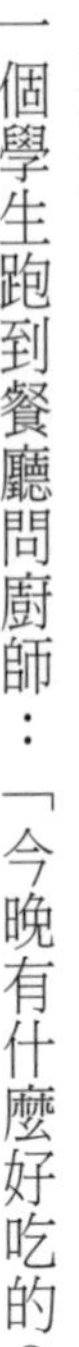

一個學生跑到餐廳問廚師：「今晚有什麼好吃的？」

廚師說：「今天好吃的食物可是有成千上萬個呢！」

「真的！有哪些呢？」

「炒黃豆。」

☺**大智慧：**

我們總是用自認為貼切的形容詞，來敘述著別人所期盼的事情，而且說以為與已無關，以為我們並沒有欺騙，卻忽略了在不知不覺間，我們早已經讓他人默默地失望了。

今晚有什麼好吃的？
今天好吃的食物可是有成千上萬個呢！
真的！有哪些呢？
炒黃豆。

偷火雞

有一個小偷到教堂做彌撒。牧師問：是什麼風把你吹來了？這星期你沒偷火雞吧！

沒有，一隻也沒有偷。

其他雞有沒有偷？

也沒有。

太好了，你已經接近上帝一步了。

小偷小聲的說：如果他問我有沒有偷鴨子，那我就離上帝更遠了。

☺**大智慧：**

語言是一種藝術，詢問是一種技巧，它能以最快的方式得到想要的答案，是判別一個人分析問題能力的高下。這也是為什麼有些人能當首席記者，採訪世界名人，而有些人則只能替人校稿。

差別

甲：外交官與女人之間，有何差別？

乙：外交官說「是」就是「也許」，說「也許」多半意味著「不」，而直接說「不」的就不是外交官了。

相反女人說「不」就是「也許」，說「也許」多半意味著「是」，而直接說「是」的，就不是一個女人。

☺**大智慧：**

學會辨別不同人的「語意」差別，會讓我們在實際社交中遊刃有餘。

放蕩與淫蕩的區別

亨利四世到一個莊園用餐，派人找來一個放蕩漢作陪。亨利四世讓放蕩漢坐到他的對面，問道：「你叫什麼名字？」

「陛下，我叫放蕩漢。」這位鄉下人回答。

「哦！放蕩漢！你叫放蕩漢，這個名字有意思，那麼，你能告訴我放蕩與淫蕩之間的區別嗎？」

「陛下，他們只隔著一張桌子。」鄉下人答道。

☺**大智慧：**

面對外來的攻擊，如果說不以牙還牙，就會使對方更加囂張地嘲弄自己，面對富人的不屑，窮人更應該用自己的骨氣來做回應，這時不應該考慮以金錢或地位做為籌碼，而是以機智的語言予以反擊。

我姓達令

公司總裁鑽進他那輛豪華小轎車，發現司機換成一位陌生女孩。

「請問你叫什麼名字？」

「查爾斯，先生。」女孩回答。

「對不起，我對我的雇員從來不直呼其名。」總裁說。

「先生，我姓達令。」

「……」總裁猶豫了片刻，只好說：「開車吧，查爾斯。」

☺**大智慧：**

世界上沒有完全絕對的事情，有些意外會讓人改變初衷，但改變初衷並不代表

沒有原則，堅持原則也應該是有條件的。

借題發揮

美國五星上將卡特利特．馬歇爾，在他駐地的一次酒會後，請求一位小姐答應讓他送她回家。這位小姐的家就在附近不遠，可是馬歇爾開了一個多小時的車才把她送到家門口。

「你對這裡不熟吧？」她問，「你好像不太認識路似的。」

「我不敢那樣說，如果我對這個地方不熟悉，我怎麼能夠開一個多小時的車，而一次也沒有經過你家的門口呢？」馬歇爾微笑著說。這位小姐後來嫁給了馬歇爾。

☺ **大智慧：**

愛情表露的最佳方式，永遠是委婉加上直接的告白。過於委婉，會顯得過於拘謹；過於直接，又顯得太膚淺。

我們一點都不搞笑

小幽默大智慧

part4
笑談問題的關鍵與解決

WE ARE
NOT
FUNNY
AT ALL

調價

弗里茲在店門外大聲叫賣：「每斤花生七十五元，最後一天了，明天開始調價……」

他的叫賣聲吸引來很多顧客，排起了長龍等著買花生。弗里茲太太悄悄地問丈夫：「明天調價多少？」「六十五元一斤。」弗里茲回答。

☺ **大智慧：**

面臨改變的時候，人們總是無來由的懼怕，並力求留住更多的自己已經習慣的東西，卻意識不到習慣的未必是最好的，改變後的未必是糟糕的。

屋頂上的標語

一個蓋在機場旁的電影製片廠，為了避免飛機噪音的干擾，在屋頂上寫了一幅大標語：「請安靜！」每個字母有八尺見方大。結果，這幅標語帶來了更大的噪音，因為飛行員們個個都想看清楚屋頂上寫的是什麼，競相把飛機飛得更低了。

☺ **大智慧：**

愚蠢的方法只會把事情變的更糟。如果我們沒有更聰明的解決辦法，那麼最好是先保持原狀。

婦人瘦身

有一位婦人深為自己肥胖的身材而感到十分痛苦，在先生百般刺激之下，她立志減肥瘦身，每天只吃香蕉和椰子。節食半年後，朋友來問婦人的先生：「你太太節食了半年是否有成效？」「效果驚人！」那位婦人的先生堅定的回答：「她的身材變得苗條結實多了，每天光為了吃香蕉和椰子，她都得勤快的爬到樹上摘取，沒效才奇怪哩！」

☺**大智慧：**

找對方法，不僅問題迎刃而解，同時還能一舉數得。

富翁的遺囑

有一個富翁得了重病，已經無法醫治，而唯一的獨生子此刻又遠在異鄉。他知

道自己的死期將近，但又害怕貪婪的僕人會侵佔他的財產，便立下了一份令人不解的遺囑：「我的兒子僅可從財產中先選擇一項，其餘的皆送給我的僕人。」富翁死後，僕人便歡歡喜喜地拿著遺囑去尋找主人的兒子。

富翁的兒子看完了遺囑，想了一想，就對僕人說：「我決定選擇一樣，就是你。」這聰明兒子立刻得到了父親所有的財產。

☺ **大智慧：**

只要提著粽子的繩頭，就可以拎起一長串的粽子。「射人先射馬，擒賊先擒王」，把握住得勝的關鍵則會收到事半功倍的效果，處理危機的關鍵在於破解問題的源頭。在從事任何事情之前，先想一想事情的原委，你便可以更加的輕省。

海鳥的遭遇

一隻海鳥停落在人類一大國國都的郊外，大國宰相隆重地迎接它，並且在宗廟裡宴請它，為它演奏虞舜時《九韶》之樂，又用牛、羊、豬三牲全套的宴席作為它的食物。但是這隻海鳥卻頭暈眼花，憂愁悲傷，不敢吃一塊肉，也不敢喝一杯酒，

三天後就死掉了。

☺大智慧：

做任何事都得根據事物的特性採取相應的方法。不顧事物的特性，違背事物的規律，只會把事情搞得更糟。

黃魚怕臭

有一個魚販子，挑著黃魚擔子行走，步履非常快捷。縣太爺見他身強力壯，健步如飛，便雇他當自己的轎夫。豈料這個人抬起轎子來，不但走不快，反倒比別人慢得多。縣太爺感到很奇怪，便問他從前挑黃魚時行走那麼快，為何抬轎子卻走得這麼慢。轎夫回答說：「此一時，彼一時也。我挑黃魚販叫賣時，那黃魚極易臭爛，因此，我不得不走快些；如今我為老爺抬轎，又不用擔心老爺您發臭，自然也用不著走快嘍！」

☺大智慧：

此一時，彼一時。西方著名哲學家赫拉克里特曾經說過：「雙腳不能同時踏進同一條河流。」世間的萬物都是瞬息萬變的，任何問題都不可能用一成不變的方

法，一勞永逸地解決。如果老是用靜止的眼光看問題，處理起問題來肯定會陷入困境。

剪箭桿

從前，有一個士兵在一次戰爭中腿部中箭，疼痛不已。長官請了一位外科醫生來治他的箭傷。

醫生看了看說：「這個不難！」便拿出一把剪刀，將露在外邊的箭桿剪掉，然後就索取手術費要走。

士兵著急地說：「剪掉箭桿誰不會？我是要你拔出射進肉裡的箭頭呀！」

醫生搖搖頭說：「外科的事我已做完，挖掉肉裡的箭頭那是內科的事。」

☺ **大智慧：**

很多問題表面上看起來很好解決，其實錯綜複雜。因此，我們一定要抓住解決問題的關鍵，切莫治標不治本。

神奇的袋鼠

有一天動物園的管理員們發現袋鼠從籠子裡跑出來了，於是開會討論，一致認為是籠子的高度過低，從而導致袋鼠從籠子裡跳了出來。所以他們決定將籠子的高度由原來的十公尺加高到二十公尺。誰知第二天，他們發現袋鼠依舊能夠跑到外面來，所以他們又決定再將高度加高到三十公尺。

然而，沒料到第三天居然又看到袋鼠全跑到外面，於是管理員們大為緊張，決定一不做二不休，索性將籠子的高度加高到一百公尺：「嘿嘿，這下子看你還能不能跳出如來佛的神掌？」

第四天，神了，袋鼠還是從籠子裡跑了出來，而且，還在與它們的好朋友長頸鹿聊天呢！

「你們看，這些人會不會再繼續加高你們的籠子呢？」長頸鹿問。

「很難說，」袋鼠說，「如果他們再繼續忘記關門的話！」

☺ **大智慧：**

其實很多人都是這樣，只知道有問題，卻不能抓住問題的核心。

面對戰火

一天晚上，華盛頓與幾位客人坐在壁爐邊聊天，因背後的壁爐燒得太旺，華盛頓感到太熱，就轉過身來，臉朝壁爐坐下。在座的一位客人開玩笑說：「我的將軍，您應該頂住戰火才對呀，怎能畏懼戰火呢？」華盛頓笑著回答：「您錯了。作為將軍，我應該面對戰火，接受挑戰，假如我用後背朝著戰火，那豈不成了臨陣脫逃的敗將了嗎？」

☺**大智慧：**

希區考克的電影之所以吸引人，正是因為它總是在告訴我們事情的不確定性。其實，同樣的事情因為角度不同可以有不止一種的解釋。我們需要做的是，找到最有利於我們自己的那個解釋。

牧師與窮人

牧師勸一個窮人信教，在描述了一番天堂和地獄的情景之後，牧師問道：「您死後願意上天堂，還是願意下地獄？」

窮人歎了一口氣，說：「唉，再說吧，哪邊玉米便宜，就到哪邊去吧！」

☺ **大智慧：**

對於生活在貧困交加的人們來說，能夠溫飽就是天堂。努力解決實際的問題遠遠比製造幾個空殼概念要得人心的多。

旗杆的高度

一隊工程師正在丈量一根旗杆的高度，他們只有一卷皮尺，無法固定在旗杆頂端，所以皮尺總是掉下來。一位數學家路過，拔出旗杆，很容易就量出了實際長度。他離開後，一位工程師對另一位說：「數學家總是這樣，我們要的是高度，他卻給我們長度！」

☺ **大智慧：**

背離了我們原來的初衷，問題即使解決了，又有什麼意義呢？

下一輛巴士

某天早上一個家庭主婦打電話叫一名木匠去她家修理衣櫃。木匠到達後家庭主婦對他說：「每當巴士停在我家前面的車站時，這衣櫃就發出難聽的聲音。」

木匠聽後說：「沒問題，但我要在這裡等候另一輛巴士到來，以便聽聽衣櫃那裡發出聲音。」說完就鑽進衣櫃裡關上櫃門。

這時家庭主婦的丈夫忽然回來，有所知覺的打開衣櫃門，發現木匠待在衣櫃裡。他很生氣的大聲問：「你能解釋為什麼會躲在衣櫃裡嗎？」

木匠聽後呆頭呆腦回答道：「也許你不相信，我正在等下一輛巴士！」

☺ **大智慧：**

有時候生活的尷尬是我們自己造成的，同一個問題解決的辦法有很多，我們可以找到更優雅的辦法，但重要的是事先要有所考慮。

因材施教

某船將沈，船長命大副去叫乘客棄船，結果大副悻悻而回：「他們都不願下去，長官……」船長只得親自解決，沒過多久，船長便微笑返回：「都下去了，我們也走吧……」

大副驚訝地問：「你是怎麼對他們說的？」

船長道：「我對英國人說：做為紳士，應該做出表率——他下去了；我對法國人說：那是很瀟灑的——他也跳下去了；我對德國人說：這是命令——他於是跳了下去；我對伊拉克人說：這是真主和將軍的旨意——他跳下去時，甚至沒穿救生衣……」

大副敬佩得五體投地的說：「太妙了，長官；那麼你是怎麼對美國人說的呢？」

船長：「啊，我說：您是被保了險的，先生。那傢伙趕緊夾著皮包跳下水去了！」

☺**大智慧：**

沒有解決不了的問題，就看你有沒有找到方法。另外，因材施教是最重要的。

閒聊

A：你的馬那次病了，你給它吃的是什麼藥？

B：松節油。

過了幾天，他們又相遇了

A：你上次說給馬吃的是什麼？

B：松節油。

A：那我的馬吃了松節油，它怎麼死了？

B：我的馬也死了。

☺ **大智慧：**

關注問題時一定要看關鍵的地方。

先吃輪子

「丹喬，如果汽車是巧克力做的，你會先吃它的哪一部分？」

「輪子，」丹喬不如思索地回答說，「這樣汽車就開不走了。」

☺ **大智慧：**

在事情的關鍵處先下手，也許你就擁有了全部的優勢。

查爾斯喝得醉眼濛濛，三更半夜才回到家門口。他掏出鑰匙，卻怎麼也對不準門鎖。巡邏的員警見狀，急忙上前問：需要幫忙嗎？查爾斯大喜過望，便說：請幫我把這房子抓牢，別讓他亂晃動。

☺**大智慧：**

做任何事情，都需要量力而為，過了頭，醜態百出，終究不是件好事。

因人而異

德國有一個人，對於違反交通規則的罰款制度產生興趣，故意把車子停在不應停車的地方，他一共收到三張違規傳票。他衣冠楚楚地拿了第一張傳票去見法官，法官罰了他三個馬克。

第二次他穿著乞丐似的衣服拿第二張傳票去見法官，法官罰了他兩個馬克。後來他又叫他美麗的妻子，拿了第三張傳票去見法官，結果，法官只罰了她一個馬克。

☺**大智慧：**

同一件事會處理出不同的結果，往往不是由於事件本身的客觀因素來決定，一

旦你能掌握了其中關鍵環節，便能取得處理事情的決定權。

規勸無效

救生員跑過去，總算抓住了正要投海自盡的男人。

「你聽我說，」救生員開口了，「你要知道，你如果跳進這冰冷的海水裡，我隨後就得跳下去救你，因為這是我的工作。其結果是，我們倆都會得到重感冒。難道你不認為這是件蠢事嗎？」

「是的，您說得對。」想自盡的男人說，「我決定換個您不在場的地方跳。」

☺ **大智慧：**

對於心病其主要關鍵是對症下藥，並且只有找到了病根，你才算是真正解決了問題，而不是僅僅做了一種無謂的轉移。

時間的差別

一醉漢攔住路人問幾點鐘。別人告訴他已經是晚上十一點了。

醉漢搖搖晃晃地說：「真奇怪，怎麼我問的每一個人說的時間都不同？」

☺ **大智慧：**

我們在尋求事實真相的時候，也許得到的每一個答案都是正確的，因為許多事情的答案並不是只有唯一的一個。

祕書與主任

「我們的檔案櫃太滿了，」祕書對主任說：「我想把六年前的舊檔案銷毀，您看可以嗎？」

「當然可以，」主任回答：「只保留它們的備份就行了」

☺ **大智慧：**

看上去事情似乎已經圓滿解決了，但事實上隨之而來的問題卻又讓所有的努力回到了起點。

下樓梯

醫生幫瓦夏那條摔傷的腿打好石膏後，又囑咐他，一定不要拆掉石膏，一定不

要下樓梯。

過了三個星期，瓦夏問醫生，什麼時候才能下樓梯。

「難道你非要下樓梯嗎？」

「是的，大夫。您不知道，這三個星期，爬下水管道可把我累壞了。」

☺**大智慧：**

如果連一件事情的實質都無法領悟，又怎麼可能做得好呢？

照常進行

「怎麼辦？醫生。手術前準備工作一切就緒，但病人還沒有來。」

「這沒關係，不用等他。他不來，我們照常進行。」

☺**大智慧：**

很多事情其實都是為一種準備而做，才會有意義。

建議

在馬德里決定成立動物保護協會的預備會議上，臨時執行主席對大家說：「協會的成立面臨了首要的問題就是經費不足，為了籌措資金，諸位有什麼可行的建議？」

「辦幾場大型的鬥牛賽。」一名代表說。

☺ **大智慧：**

達到目的的方式應該與我們的初衷保持一致，否則，一切都將失去它那最原本的意義。

解渴

斯克爾頓是位著名的詩人。一次，他去赴宴，酒喝多了回不了寓所。於是，他住進了一家小旅社。半夜，他口渴難耐，大喊服務生要水喝。但沒人理他，他又喊自己的馬伕，馬伕也不在。

「怎麼辦呢？這樣下去可不行！」他靈機一動，大喊道：「救火啊！救火啊！」

頓時，旅社裡所有的人都起來了。他繼續喊叫，不一會兒馬伕和服務生便拿著蠟燭衝了進來：

「火在哪裡，怎麼沒看到呢？」

「在這，」斯克爾頓指著自己的喉嚨，「火在這裡面，快給我端水來，澆滅它！」

☺**大智慧：**

陷於困境的時候，頭腦不清、手足無措是最要不得的，最重要的是懂得尋求他人幫助的方法。

趣答問路人

古希臘寓言作家伊索，一天遇見一個行人向他問路。行人：「我到城裡需走多久的時間？」

伊索：「你走哇！」

行人：「我是得走，我是問走到城裡需多長時間。」

伊索：「你走哇！你走哇！」

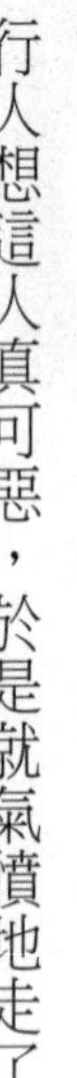

行人想這人真可惡，於是就氣憤地走了。

片刻，伊索向他喊：「二小時——」

行人問：「為何剛才不告訴我呢？」

伊索：「我不知道你走得快還是慢，怎知需多久的時間呢！」

☺ **大智慧：**

一個問題的答案有的時候並不取決於問題本身，而取決於問題的「背後」。所以，解決問題並不是單純地針對問題本身，而是要「審時度勢」。這樣，才能把問題圓滿地解決。

解決擁塞問題

法官盤問竊車賊道：「在上個月，你盜竊了十二輛汽車，效率真不錯呀，是嗎？」

「是的，法官先生，所以說你們現在逮捕我可真是一大錯誤。如果你們再給我幾個星期的時間，我敢保證，咱們這個城市的車輛擁塞問題，就可以得到徹底的解決了。」

☺**大智慧：**

問題的解決方式絕不是逃避，逃避的結果往往是產生了更為嚴重的問題。更何況，問題是現實的，它根本無處可藏。

宣誓之後

在法庭上法官問證人：「你知道宣誓之後應該怎麼做嗎？」

證人答道：「我知道，一旦宣誓之後，不論我說的是真或假，都應該堅持到底！」

☺**大智慧：**

前後一致的事情才能獲得人們的相信，因為由於過度地在意前因後果的聯繫，往往會讓人們忽略了對前提的考察。而事實上，正確的前提才是最重要的。

天鵝的脖子

在動物園裡。

有一個小男孩問爸爸：

「天鵝的脖子為什麼長得那麼長呢？」

「那樣它萬一掉到水裡才不致於被淹死啊！」

☺**大智慧：**每個人所提供的答案，往往取決於各自單方面觀察得到的結果，事實上這種結果往往與真相有所出入。

你知道宣誓之後應該怎麼做嗎？
我知道，一旦宣誓之後，不論我說的是真或假，都應該堅持到底！

方向相反

一個猶太人在路上行走，看到一個農民開車過來，他問：「從這裡到西村還有多遠？」

「半小時就到了。」

「可以坐您的車嗎？」猶太人問。

「請上車吧！」

他們走了大約半小時後，猶太人開始不安了：「現在離西村還有多遠？」

「大約還有一小時左右。」

「什麼！你剛才不是說只要半小時嗎？怎麼反倒越走越遠了？」

「我的車走的是相反的方向。」

☺ **大智慧：**

找對方向才能更快的達到預期的目標，不經思考、盲目擇路常常會背道而馳，白白浪費精力。

醃鴨子生鹹蛋

甲乙兩個傻子偶遇後在一起吃鹹蛋，甲驚訝地說：「我平常吃的蛋都很淡，這個蛋為什麼這麼鹹呢？」

乙說：「我是個特別聰明的人，多虧你來問我，這鹹蛋就是醃鴨子生出來的。」

☺ **大智慧：**

把複雜的問題簡單化，大概是所有的傻子分析問題、解決問題的辦法。其實在我們的生活中，又有誰沒犯過類似的錯誤呢？

牛的問題

有個人路過麥田，發現有頭沒有犄角的牛，便問農民，這頭牛為什麼沒有犄角？

農民說：「牛沒有犄角的原因很多，有的因為遺傳沒有。有的是因為和別的牛頂角而失去了，有的是因病脫落了。而這頭，他說：沒有犄角，那是因為牠是一頭驢」。

☺**大智慧：**

原因只為它所要解釋的結果而存在。當我們分離了兩者，我們便再也尋不到答案。

還在原地方

一位旅行者離開旅館，急著去趕火車。可是，走到門外，看見外面正「嘩啦嘩啦」地下著雨，他對旅館的接待小姐說。

「對不起，請你去看看我的雨傘是否在我房間裡。」

幾分鐘後，接待小姐回來說：「先生，雨傘還在原地方，靠床頭櫃放著。」

☺**大智慧：**

我們總以為我們的確是按對方的意思做出了最佳的回答，卻沒發現我們竟忽略了那個更深層的暗示。

司機

那是戈巴契夫還是總書記的時候。一天他因私事外出，嫌司機車開的太慢，於

是催促了好幾次。但因交通擁擠，還是不能讓他滿意。

最後戈巴契夫一把搶過方向盤，把司機推到後面，自己開起車來。他一路橫衝直撞，造成一片混亂。有人打電話向交通局長反映。

局長大怒，質問該地段交警。

局長：「看到肇事者沒有？」

員警：「看到了。」

局長：「為什麼不逮捕他？」

員警：「我不敢？」

局長：「為什麼？」

員警：「他的官很大。」

局長：「有多大？」

員警：「不知道，反正戈巴契夫是他的司機。」

☺**大智慧：**

我們總是以為每件事情的背後都有著複雜的起因，其實事實可能就是正如你所

見的那樣簡單。

驅蚊妙法

夏天，有一個人被蚊蟲叮咬得不堪忍受，朋友就幫他想出了一個方法：「用兩層麻布做成夾被蓋，就可以防蚊子了。」

他問朋友為什麼，朋友說：「等蚊子來咬時，把上面那一層麻布向上一扯，就能扯歪蚊子的嘴。傷筋動骨，要養一百二十天。等蚊子的嘴好起來時，天氣也轉涼了。」

☺**大智慧：**

如上法所示，恐怕會為了等扯麻布而一夜未眠。我們無論做什麼事，都要掌握正確的方法，方法不對，費多少心血也是徒勞無功。

關上計程器

一個商人搭乘計程車，要從一個地方到另一個地方去，途中車子不慎打滑，直

向路旁的深坑滑下去，司機驚恐地喊叫：「車子剎車失靈了，我控制不住，怎麼辦啊？」

商人忙喊道：「你至少該把計程器給我關上。」

☺ **大智慧：**

在關鍵的時刻應清楚的分析出主要問題與次要問題，找出該最先解決的問題，如果只計較一時的蠅頭小利，為此損失的大利可能是永遠無法彌補的。

不得要領

「救火！救火！」電話裡傳來了緊急而恐慌的呼救聲。

「在哪裡？」消防隊的接線員問。「在我家。」

「我是說失火的地點在哪裡？」「在廚房！」

「我知道，可是我們該怎樣去你家嘛？！」「噢！難道你們沒有消防車嗎？！」

☺ **大智慧：**

問題或許呈現紛繁多變的表像，但是內含的重點和要害卻是確定無疑的——所以我們在面對問題和尋求解決之道的時候，一定要直指紅心，一擊即中！

感慨

丈夫對妻子說：「親愛的，如果當年愛迪生不曾發明電燈，那麼我們現在就只能點著蠟燭看電視。」

☺ **大智慧：**

原理可以衍生出簡單的事物，也可以衍生出複雜的事物。擦亮慧眼，有時需把複雜的看得簡單些，有時卻又得把簡單的看得複雜點。這需要一顆時時思考的大腦。

尋犬啟事

一個富翁帶著愛犬出國旅遊，在一個小鎮上，他的愛犬突然失蹤了，他便急忙找到當地一家報社，要求刊登一則《尋犬啟事》，並說誰為他找到愛犬，將獲得一萬美元的酬勞。

富翁等到晚上，還不見晚報出版。他又跑到報社去問，而報社只有一個守門的老先生在。富翁問：「難道今天不出晚報了嗎？」

「是的，先生。」

「為什麼？」

「因為所有的編輯都上街找狗去了。」

☺**大智慧：**

在這樣一個經濟起飛的社會裡，金錢的驅動是有力的。

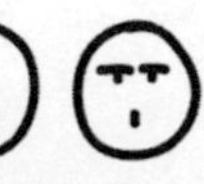

我們一點都不搞笑
小幽默大智慧

part5
笑談虛幻誇張與諷刺

WE ARE
NOT
FUNNY
AT ALL

賣書

一個很有名的作家要來書店參觀。書店老闆受寵若驚，連忙把所有的書撤下，全部換上作家的書。

作家來到書店後，心裏非常高興，問道：「貴店只售本人的書嗎？」

「當然不是。」書店老闆回答，「別的書銷路很好，都賣完了。」

☺ **大智慧：**

拍馬屁是個奇怪的詞：你像是在奉承他，又像是在侮辱他。運用不好，可能會造成適得其反的效果。

夫妻情深

兩個朋友在高爾夫球場打球。一個人把棒杆高高舉起，正要擊球，突然發現路上有一個長長的送葬隊伍。他放下棒杆，閉上眼睛，禱告起來。驚訝不已的朋友說：「這是我一輩子有幸看到的最感人至深的場面。你真是個名副其實的大善人！」那個人結束禱告後答道：「是呀，要知道，我和她做了三十五年的夫妻！」

☺**大智慧：**

假意的善舉卻難掩蓋其虛偽的本質。無論表面做的多麼的冠冕堂皇，其本質卻是一副偽君子的姿態。虛偽的人習慣兔死狐悲，眼淚下面卻藏著道貌岸然的嘴臉。

電視迷

馬丁叔叔的那隻喋喋不休的鸚鵡病了。不吃不喝。帶它去看獸醫，診斷後卻說毫無毛病。獸醫問馬丁叔叔家裏有沒有發生重大事故，使鸚鵡感到煩亂。馬丁說唯一發生的事情是電視機拿去修理了。

「趕快把它拿回來」獸醫說。

果然沒錯，電視機一拿回來，鸚鵡的食欲也就恢復了。

☺**大智慧：**

早有人批評說過：「這個社會我們最終會被電視等視聽媒體包圍引導，最後失去自己的思維」。看來，連寵物都失去自我了。有時候，離開這些現代化的東西會讓我們更清醒。

舊西裝

「夫人，您還記得我嗎？三個月前您把一套舊西裝施捨給我，我在那套舊西裝裏找到了五百法郎。」流浪窮漢對貴婦人說。

「你是想把錢還給我嗎？」

「不，那倒不是……我是想知道，您還能不能找到那樣的舊西裝？」

☺ **大智慧：**

不勞而獲的是一種可恥的行為，而這樣的想法如同毒品一樣慢慢削弱一個國家和民族的競爭力。每當看到年輕的乞丐在城市中乞討的時候，都會有一種心痛的感覺。

燕窩的故事

某日，某地某公設宴款待貴客。席間上有一湯色白如乳，眾人一品味極寡淡，於是無人再食。

見此情景，某公急了，說道：「哎呀諸位，這湯可是用專機從爪哇島進口的上

等燕窩，經名廚依照清宮祕方烹製而成的呀！一盆千金，怎可不嘗？」

於是，舉座爭先恐後，不一會兒湯盆見底，齊稱此乃湯中極品。

此時，廚房裏傳出了廚師的叫聲：「我剛剛放在這裏的瓷盆怎麼不見了？」

擺台小姐答：「你是說那燕窩盆呀？我早就端上去了！」

廚師說：「什麼？燕窩還在竈上煨著呢！你端出去的是老闆讓我做的糊燈籠用的醬糊！」

☺**大智慧：**

務名不務實，追名不求實，慕名不顧實，為名不計實，這種事什麼地方都有。害人害己只是貽笑大方，誤國誤民則要遺臭萬年了。

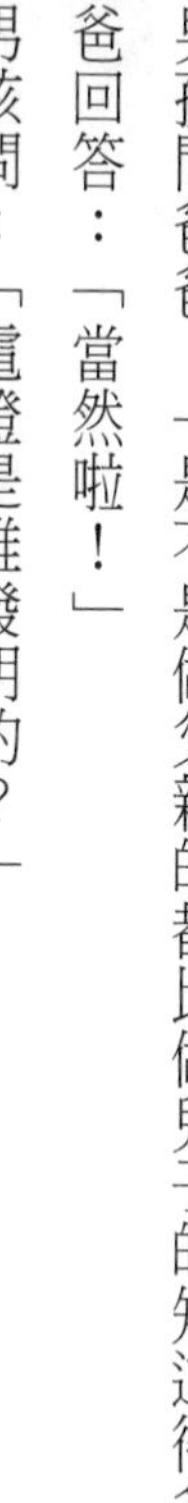

後生可畏

小男孩問爸爸：「是不是做父親的都比做兒子的知道得多？」

爸爸回答：「當然啦！」

小男孩問：「電燈是誰發明的？」

爸爸：「是愛迪生。」

小男孩又問：「那愛迪生的爸爸怎麼沒有發明電燈？」

☺ **大智慧：**

很奇怪，喜歡倚老賣老的人，特別容易栽跟斗。權威往往只是一個經不起考驗的空殼子，尤其在現今這個多元開放的時代。

是不是做父親的都比做兒子的知道得多？
當然啦！
電燈是誰發明的？
愛迪生。
那愛迪生的爸爸怎麼沒有發明電燈？

不可能的事情

一個八十歲的老人去做健康檢查。

檢查途中，老人不斷向醫生炫耀，他新婚的妻子有多好。

「我們結婚四個月，你知道她對我有多忠貞？她無時無刻需要我，黏我黏到我都感到厭煩了！」

「而且，」老人又說：「告訴你，她最近還懷孕了！」

醫生靜靜地聽著。不發一言。

「怎樣？」老人得意洋洋地說，「不錯吧！」

醫生抬起頭，看了他一眼。

「這讓我想到一位失散多年的朋友。」醫生緩緩開口。

「他跟我說過一個故事，他在非洲狩獵時遇上的故事。當時，他在草原上，遇到一頭獅子。他立刻從背上抓下槍來瞄準。然而，他立刻發現他錯了，他拿到的是雨傘，不是槍。」

「這時已經太遲，獅子正站在他面前，就要撲過來。他沒辦法，只好把雨傘扛

上肩，用盡吃奶的力量大叫三聲『砰！砰！砰！』。奇蹟發生了，那獅子竟然倒下來，死掉了。」

「這怎麼可能？」老人大叫，「那一定是別人幹的！」

「我也這麼覺得。」醫生說。

☺ **大智慧：**
對別人的對錯一看就明的「清醒人」卻對自己的對錯一無所知。

銅臭驚人

亨利、弗蘭克、馬丁三個人打賭，看誰能在騷臭的狐狸洞裏待得最久？

馬丁進去不到一分鐘，便認輸了——捂著鼻子跑出洞來。

弗蘭克也強不了多少，他只比馬丁多待了一分鐘。

亨利進洞老半天了，還不見他出來。

突然間，一隻狐狸竄了出來大叫道：

「這人真貪財，他的銅臭比我更臭，把我給熏出來了！」

☺ **大智慧：**

愛慕錢財可以說是人的一種本能吧，只不過不同人身上的程度不同罷了。

恍惚

一人穿錯靴子，一隻底厚，一隻底薄，因此走路一腳高，一腳低，甚不合適。其人詫異曰：「今日我的腿，因何一長一短？想是道路不平之故。」或告之曰：「足下想是穿錯了靴子。」忙令人回家去取。家人去了良久，空手而回，謂主人曰：「不必換了，家裏那兩隻也是一厚一薄。」

☺ **大智慧：**

有的時候，智慧是相互傳染的，愚蠢同樣如此。

好好先生

東漢時，有個人叫司馬徽，對人說起話來，總是頻頻點頭說「好，好。」

有一次，他的朋友難過地告訴他，自己的兒子病死了。他點著頭說：「好，好。」

朋友走後，他的妻子對著他罵起來：「人家悲痛地告訴你死了兒子，你卻說『好，好』，難道你瘋了？」這個人又笑眯眯地點著頭說：「你說得好，好。」

☺ **大智慧：**

當你立志做一個「好好先生」，就意味著你已經不可能「好」了。

不容重犯

一個人在領工資時發現少了一塊錢。他勃然大怒地去責問會計。會計說道：「上個月多給您一塊錢，您計較了嗎？」他大聲答道：「偶然一次錯失我完全可以諒解；但我絕不能容忍這第二次的錯失！」

☺ **大智慧：**

不得不佩服有些人具有這樣的能力，再齷齪的事情他也能為之找到一個冠冕堂皇的理由。

重要的提示

新聞記者採訪一位億萬富翁。

——是什麼東西幫助您獲得成功的？

——是深信錢並不起作用，重要的是工作。當我學會了用這一點提醒我的部下時，我就發財了。

☺ **大智慧：**

善於要求別人而解脫自己，這是一些人的發家之道。

羅浮宮

兩個從美國德克薩斯來到巴黎的旅遊者在旅館裏閒聊。

「我簡直有點不好意思對你說，我來到這裏已經三天了，還沒看見羅浮宮。」

「我也是，」另一個人說，「或許這種糕點價格太貴，一般食品店裏根本見不著。」

☺**大智慧：**
不懂裝懂的人希望的是「美化」自己，但往往是把自己更加「醜化」了。

左手與右手

法官：你為什麼要用左手打人？
罪犯：因為右手是用來握手講和的。

☺**大智慧：**
顧左右而言他是一種難得的機智，但千萬不要用錯了地方。

不必大驚小怪

某電影廠的攝製組正在拍攝一部反映古羅馬的歷史記錄片。正在開拍中間，導演突然發現一個演員的手腕上還戴著錶，於是對著話筒喊起來：

「你快把手錶摘下來！」

「這有什麼好大驚小怪的！」演員回答，「我這塊錶的錶盤上正好是羅馬字。」

☺**大智慧：**

附庸風雅終究成不了真，即使加上了冠冕堂皇的標簽。

糟糕的畫家

畫家的一位朋友來看他。

畫家說，「我打算把這房間的牆壁粉刷一下，然後在牆上畫些畫！」

朋友勸畫家：「你最好是先在牆上畫畫，再粉刷牆壁！」

☺**大智慧：**

如果不能增添光彩，那就還是不要拿出來炫耀的為好。

節省措施

有人問吝嗇鬼；「你在幹什麼呢？」

「我在學盲文。」

「幹嗎要學盲文呢？你的視力衰退了嗎？」

「那倒不是。我不過是想在晚上看書時能節省點電。」

☺**大智慧：**節約固然是好的，但到了苛刻的程度便可能成為另一種浪費。

別胡說

導遊：這座宮殿興建時間大約是在二千年以前。

遊客：別胡說！要知道現在才一九八九年。

☺**大智慧：**目光短淺的人所能看到的僅僅是現在，過去和未來對他們來說都是沒必要考慮的領域。

借牛

有個人寫了一封信，派人捎給一富翁，信上說是要借牛一用。富翁正在會客。他不識字，卻怕客人笑話他，就裝模作樣地把信看了看對捎信的人說：「知道了，

告訴你們主人，一會兒我自己就去了。」

☺ **大智慧：**

不懂裝懂，不會裝會，只為一時的虛榮弄出笑話，與其這樣，還不如不恥下問，讓自己變得充實。

我就不信

有個窮人儲存了三、四罈子的米，就自以為很富有了，整天沾沾自喜。一天，他和同伴到市場上去，在路上聽見一個人對另一個說：「今年我家收穫的米不多，總共才三百多擔。」窮人對同伴說：「你聽他的話分明是在說謊，我就不相信他家能有這麼多盛米的罈子。」

☺ **大智慧：**

很多人思考問題，往往以自己的眼界為限，井底之蛙看天也只有井口大。

書低

有一個秀才租了廟裏的僧房讀書，只是忙著玩耍玩耍罷了。某天中午忽然跑到

府裏，叫小童拿書來。小童拿來《文選》，秀才一看說：「低了。」小童又去取來《漢書》，秀才還說太低。最後小童拿《史記》來，秀才仍舊說低。和尚聽了大為吃驚，心想這三種書，只要熟讀其中的一種，就可以稱是飽學之士了。三種書都說太低，是怎麼回事啊？一問秀才，才知道秀才是把書拿去當枕頭用。

☺ **大智慧：**

我們會吃驚地發現，書除了被閱讀外，還可以有別的功用。精神產品和物質產品原來也有共通之處，利用精神產品的物質載體的實用功能，的確很出乎人的想像。

有酒就行

從前，有個人嘴饞又貪杯。他在京城經商時，遇到一個過去的熟人。熟人本沒有請他回家吃飯的意思，只是和他在路上說話。可他卻說：「我該到府上拜訪一下，口渴心煩的時候，有茶有酒，可以借一杯止渴。」熟人說：「我家離得遠，不敢勞煩您光臨。」他說：「諒也不過只有二三十里，不遠。」熟人說：「我家地方狹窄，怕是不方便。」他說：「只要能張開嘴就行。」熟人又說：「我家器皿不全，沒有

杯子。」他馬上說：「憑咱倆的交情，用瓶子就行了。」

☺ **大智慧：**

人生活在社會中，應該時刻注意自己的形象，像如此臉皮厚得令人生厭的人，不但不會有和諧的人際關係，也很難在社會上立足。

求你別寫

有個人書法極差，又總是喜歡給別人寫字。一天，有人手裏搖著一把白紙扇走過來，這個人又想給人家寫字，扇子的主人一見，馬上跪在地上不肯起來。這個人說：「不過是在扇子上寫幾個字而已，何必行此大禮？」扇子的主人說：「我不是求你寫，是求你不要寫！」

☺ **大智慧：**

人對自己要有一個正確的認知，並不是一件容易的事。自視過高，對自己沒有一個公正客觀的評價，往往做出令別人反感的事來。

出主意

有個姑娘要出嫁，一個人對她的父母說：「女兒出嫁後，不一定就能生兒子，所以平時就應該讓她從婆家多偷些衣物等藏在外面，防備著一旦生不出兒子，被婆家趕出來的時候，生活也好有個著落。」姑娘的父母覺得有理，就讓女兒經常在外面藏私房錢。婆婆發現她的行為，就說：「既然做了我家的媳婦，卻又生外心，這樣的媳婦不能要。」就把她給休了。姑娘的父母更加欽佩那個出主意的人有遠見，還把女兒被休的事告訴他。同時認為那個人對他們很忠心，對他更加好了。

☺ **大智慧：**

在現實生活中，總有那麼一些自以為「高明」的人，搬弄是非，四處為別人出主意。若是受他們的煽動，聽信妄言，註定是要吃大虧的。對於這種人，應對他說：「收起你的好心，閉上你的嘴。」

叼著不丟

某甲買了一塊肉提著走，他上廁所時，就把肉掛在廁所的門外。某乙見某甲進

了廁所，就去偷他的那塊肉，剛剛把肉拿到手，某甲就從廁所裏出來了。某乙手裏拿著肉，走也不是，放下也不是，就把肉叼在嘴裏，還嗚嚕地說：「你把肉掛在廁所外，怎麼能不丟啊，像我這樣把肉叼在嘴裏上廁所，肉就不會丟了。」

☺**大智慧：**

有些人頭腦靈活但不用在正途上，總是挖空心思地想歪點子騙人，聰明反為聰明誤。如果他們能把精力用在正途上，或許早就事業有成了。

似我匾

古時有個監司，為了標榜操行高尚，寫了一個「似我」的匾額，懸掛在天下第二名泉惠泉旁邊。過了一段時間，他有意到惠泉巡視，卻不見了匾額。他非常生氣，當即責令附近寺中的和尚四處尋找，結果竟在一個廁所旁邊找到了，這塊匾額端端正正地被人掛在那裏，臭名昭著的監司羞怒得無地自容。

☺**大智慧：**

有怎樣的行徑，自然會得到怎樣的評價。有些品行不端的人，總是喜歡到處標榜自己的「高尚情操」，其實，醜惡的行為是用什麼都掩飾不住的。

白挨打

一個人被花錢雇用，答應代替別人到官府挨杖打。在臨近受刑之前，他把人家給他的錢，全數送給了執杖的衙役，求他行個方便，杖打的時候輕一點。挨完打後，他來到雇用他的人面前，磕頭作揖道謝說：「大恩人啊，多虧用了您給的錢求人行方便，不然，我早被打死了。」

☺ **大智慧：**

生活中總有如此頭腦不清楚的人，被人愚弄還在替別人數錢，最後留給他的只有身上的累累傷痕和傻子的罵名。

職業病

過去有一個巡按，非常喜歡下屬阿諛逢迎，他叫下屬回話的時候必須彎著一條腿。有一個小官很會趨炎附會，有次彎腿的時候下腳過重，傷了筋骨，於是他的腿就抽筋，成了殘疾。彎著的腿就像一張彎弓一樣。

沒料到接任的巡按很討厭人討好逢迎，這個成了殘疾的小官吏晉見上司時，腰

不彎，但腿卻自然而然地彎下來。巡按很生氣地責問他：「當官就應該清白審慎，不要討好逢迎，你怎麼卑下汙濁泥？」

小官回稟道：「大人，這是我的職業病啊！」

☺**大智慧：**

阿諛逢迎，卑躬屈膝竟也成了一種職業病！這是某些人不得已而為之的生存技巧，或許可以得到很多好處，但卻也會失去了人之為人最根本的東西。並且，既然是做討人歡心的差事，自是要看菜下飯，做不好反讓對方倒了胃口。

事不關己

有個糊塗蟲欠了劉太公一大筆債。劉太公討了幾年都要不回來，十分惱火，便派夥計把糊塗蟲抓來做人質。夥計把糊塗蟲裝進麻袋扛起就走，走累了，就到路邊的涼亭裏歇腳。

糊塗蟲連忙喊道：「快走吧，歇在這兒，被別家扛去，可不關我的事！」

☺**大智慧：**

所謂蝨子多了不咬，債多了不愁。對於那些良心泯滅的慣犯而言，監獄是他們最嚮往的地方——免費公車運送，白吃白喝加白住，但代價等於失去自由加失去尊嚴。

倒下

旅遊者在參觀戰艦。

導遊指著一門銹蝕的大炮對大家說：「當年，我們勇敢的艦長就是在這裏倒下的。」

「這有什麼好說的，」一位上了年紀的太太嘟囔著，「我也常被什麼東西絆著，有時也會摔倒。」

☺**大智慧：**

英雄區別於凡人的是他們死去時的壯烈，這豈是為生活所累的凡俗之人所能理解的。

part6
笑談人際交往和計謀

WE ARE
NOT
FUNNY
AT ALL

智救故鄉

古希臘哲學家阿納克西米尼，出生於中亞的萊普沙克斯。他對故鄉有著深厚的感情。有一次，他跟隨亞歷山大遠征波斯，軍隊佔領萊普沙克斯時，他急於拯救他的故鄉，使它免遭戰亂。

一天，他為此晉謁國王。但亞歷山大早就知道了他的來意，未等他開口便說：「我對天發誓，決不同意你的請求。」

「陛下，我請求您下令毀掉萊普沙克斯！」哲學家大聲說。萊普沙克斯終因哲學家的智慧倖免於難。

☺ **大智慧：**

說話、做事，都要為自己留後路，否則被別人抓住破綻或漏洞，局面就會非常尷尬。

知情者的從容

威廉．亨利．西沃，是美國的政治家。曾任紐約州長，州參議員。

內戰前夕，西沃有一天參加了民眾集會。與會人員都在猜測最近軍隊的祕密調動是怎麼一回事。

一位婦女注意到了他的沈默，便大膽的問他：「州長先生，你對這個問題怎麼想？你能猜測一下部隊大概會往哪兒去嗎？」

西沃微笑著說：「夫人，假如我不知道內情的話，我早就把我的猜測告訴您了。」

☺ **大智慧：**

在交際場合中，沈默的人可能就是知道內情的人，至少是瞭解資訊比較多的人。

贈送頭髮

一次，奧地利著名的作曲家約翰．施特勞斯去美國演出，大為轟動。

他身材很高，儀表非凡，特別是他捲翹的長髮，很吸引人。有一位美國婦女想盡辦法，終於得到了一束施特勞斯的長髮，當作珍品保存起來。消息被傳開來，人

們紛紛向他索取頭髮，作為紀念，一時竟成了施特勞斯的「頭髮熱」。

好心的施特勞斯一一滿足了他們的要求。因此有些人為他擔心。施特勞斯離開美國時，許多人前來送行。這時，只見他揮著帽子向人們告別，人們看到他的捲曲長髮還好好地長在頭上，只是他來美國時帶來的一條長毛狗，變成了短毛狗。

☺ **大智慧：**

不要一味地去滿足別人的需求，因為善事是做不完的。聰明的人懂得恰如其分地「運用」自己的善心。

以子之矛，攻子之盾

第二次世界大戰後，德國著名的樂隊指揮家布魯諾．瓦爾特到了美國。他首次指揮紐約交響樂團時，發現第一大提琴手沃倫斯坦無論是在彩排或正式演出時都刻意不聽指揮。

「您是一位志向非凡的人，沃倫斯坦先生，但您的抱負是什麼呢？」

瓦爾特沒有當眾責怪他，只是請他來做一次個別的溝通。指揮家的態度非常友善。

「成為一名指揮家。」大提琴手答道。

瓦爾特笑著說：「那麼，當您成為樂隊指揮時，我希望您永遠不要讓沃倫斯坦在您面前演奏。」

☺ **大智慧：**

如果想讓一個人永遠記住你，最好的辦法就是在公共場合讓他難堪。但是這樣做的後果是：別人有機會肯定回給你同樣的待遇。

溫泉的奇蹟

一名風濕病患者來到著名的溫泉，詢問經理：「這裡的泉水是否真的對身體有益？洗過溫泉後我會覺得好些嗎？」

「要我舉一個例子嗎？」經理說，「去年夏天來了位老人，下半身癱瘓得坐輪椅。他在這裡住了一個月，沒付帳就自己騎自行車走了。」

☺ **大智慧：**

把客人說得動心且滿心歡喜，正如同「金蘋果掉在金網子上」一樣那麼寶貴。話不在多，在於恰到好處，言不一定及意，但要得宜。

請客

舊時年關，有人在家設宴招待幫助過他的人，有一次他一共請了四位客人。時近中午，還有一人未到。於是他自言自語：「該來的怎麼還不來？」

聽到這話，其中一位客人心想：「該來的還不來，那麼我是不該來了？」於是起身告辭而去。這個人很後悔自己說錯了話，他又說：「不該走的卻走了」，另一位客人心想：「不該走的走了，看來我是該走的！」也告辭而去。

主人見因自己言語不慎，把客人氣走了，十分懊悔。妻子也埋怨他不會說話，於是辯解道：「我說的不是他們」。

最後一位客人一聽這話，心想「不是他們！那就是我了！」於是歎了口氣，也走了。

☺ **大智慧：**

言者無意，聽者有心。在肆無忌憚的說話中，常隱藏著禍端。

等火車

一位夫人打電話給建築師，說每當火車經過時，她睡的床就會搖動。

「這簡直是無稽之談！」建築師回答說，「我來看看。」

建築師到達後，夫人建議他躺在床上，體會一下火車經過時的感覺。

建築師剛上床躺下，夫人的丈夫就回來了。

他見此情形，便厲聲喝問：「你躺在我妻子的床上幹什麼？」

建築師戰戰兢兢地回答：「我說是在等火車，你會相信嗎？」

☺ **大智慧：**

有些話是真的，聽上去卻感覺很假；有些話是假的，卻令人毋庸置疑。

口試的故事

有一人去考駕駛執照，主考官問他：

「當你看到一隻狗和一個人就在你的車前，你會先輾過狗還是先輾過人？」

答：「當然輾狗。」

主考官說：「你這樣回答還想及格嗎？」

那人說：「我不輾狗，難道是要輾人不成？」

主考官慢條斯理地說：「你應該踩剎車才對，先生。」

☺**大智慧：**

別有用心的提問是有其目的的，回答的人往往會陷入圈套，所以為人處事，一定要堅信自己的原則，不為他人所左右，否則就會鑄成大錯。

急性子

馮道與和凝，是五代時的兩個大官。前者性子慢，後者正相反。

一天，和凝見馮道買了一雙新靴，便問：「花了多少錢？」

馮道慢慢抬起一隻腳：「九百文。」

和凝一聽，頓時火冒三丈，回頭便罵僕人：「你替我買的那雙靴，為什麼要一千八？」

和凝越說越氣，卻見馮道又慢慢抬起另一隻腳，慢條斯理地說：「別急嘛，這

隻也是九百文。」

☺**大智慧：**

任何時候，都要在別人說完話以後再發表觀點，這樣，你會客觀得多。

立刻奏效

在麗尼公園，許多人都喜歡在草坪上走。「請勿踐踏」的告示牌一點也起不了作用。

後來，公園另外豎起了一個木牌，之後，便再也沒有人走進草坪裡了。原來牌上寫著：「草坪內埋有地雷」。

☺**大智慧：**

很多時候恫嚇比勸阻有效的多，這已經是接近於人的常態中的非常態。

您有幾條命

一位公爵的僕人當著公爵的面前，談論著某大主教對待底下人非常寬宏大量。

公爵聽見了，說道：「他可能是那樣，因為他是要命不要錢的。」一個沒心眼的僕人馬上問道：「大人，您自己有幾條命呢？」

☺**大智慧：**

因為不甘心接受別人對他人的讚賞，有人會想出毫無依據的理由來反駁，殊不知無言以對的正是自己。

解雇

邱吉爾是在第二次世界大戰的戰爭中出任英國首相的，可謂是臨危受命。由於他力抗爭到底以及與蘇美兩國的有效合作，大大地加快了法西斯的覆滅，為和平贏得了時間。然而，戰爭結束不久，在英國的大選中，保守黨大敗，邱吉爾也落選了。為了安撫這位前首相，英國女王決定授予他一枚巴思勳章。邱吉爾感慨萬分地說：「當選民們把我解雇的時候，我有何顏面接受陛下頒發給我的這枚獎章呢？」

☺**大智慧：**

不要以為獎賞和憐惜帶來的都是別人對你的感激。對於那些自尊心很強的人來

說，失敗後得到的獎賞和幫助無異於是一種羞辱。

思考後的決定

一說話不經過大腦的男人與一位小姐共舞。

男人：「你結婚了嗎？」

小姐：「還沒有。」

男人：「那你有孩子了嗎？」

小姐大怒，拂袖而去。男人思考過後決定下次不能再這樣問了。接著他與一婦人跳舞。

男人：「你有孩子了嗎？」

婦人：「有兩個。」

男人：「那你結婚了嗎？」

☺ **大智慧：**

常說對症下藥，因人而異，就像這個故事，應該根據對象來選擇問的問題，否

則本來是好事結果卻是以「難堪」做收場。

保密

羅斯福未上任美國總統以前，在海軍部就職。某日，一位朋友問及海軍在大西洋的一個小島籌建基地的祕密計劃。

羅斯福刻意環顧四周，然後壓低聲音問：「你能保守祕密嗎？」「當然能。」「那麼，」羅斯福微笑著說，「我也能。」

☺**大智慧：**

好奇是人的天性，而保密又是人的權力。在這個科技發達的社會，保持個人的隱私愈發艱難，面對有意無意的探問，迂迴的幽默不失為一種有效的保密利器。

謙虛

托馬斯·傑斐遜是美國第三任總統。一七八五年他曾擔任駐法大使。一天，他去法國外長的公寓拜訪。

「您是代替佛蘭克林先生來的嗎？」外長問。

「是接替他，沒有人能夠代替得了他。」傑斐遜回答說。

☺**大智慧：**一字之差，意義全然不同。尤其是在嚴肅的國際交際場合裡，字斟句酌更顯得必要。

不妨礙思考

有一天，一位熟人到俄國化學家門捷列夫的家串門子，他喋喋不休地講個不停。「我使您感到厭煩了嗎？」客人最後問。

「不，沒有……你說到哪兒去了」，門捷列夫回答說：「請講吧，繼續講吧，你並不妨礙我，我在想自己的事情……」

☺**大智慧：**人貴有自知之明。討人厭煩還不自知，這樣的人處理起人際關係來，肯定是最差的。

當眾做「賊」

在一次招待高官顯貴們的宴會上，氣氛熱絡，笑語喧嘩。宴會進行到一半的時候，禮賓司的一名官員走到邱吉爾身旁，對他耳語說，他看見某先生把一個銀製的鹽罐子塞進了自己的口袋。聽了這話，邱吉爾當眾將一個銀製的胡椒粉罐塞進了口袋，好像沒人看見一樣。

宴會結束時，邱吉爾悄悄的走到那位拿了鹽罐的先生旁邊，小聲地對他說：「親愛的，我們都被別人看見了。哎，最好還是放回去吧！你說呢？」

☺ **大智慧：**

「忠言逆耳利於行」。儘管如此，當眾指出別人的缺點也是不應該的，至少在策略上是失誤的。同樣的出發點，做法不同，得到的效果也就會大相徑庭。

學問和金錢

父子二人經過五星級飯店門口，看到一輛十分豪華的進口轎車。

兒子不屑地對他的父親說：「坐這種車的人，肚子裡一定沒有學問！」

父親則輕描淡寫地回答：「說這種話的人，口袋裡一定沒有錢。」

☺**大智慧：**

脫口而出對事情的看法，有時恰恰是內心中相反態度的表達。

一塊蛋糕

作曲家賈科莫・普契尼和義大利音樂家兼樂隊指揮家阿圖爾・托斯卡尼尼是一對老搭檔。每年耶誕節賈科莫都要給他的朋友送一個蛋糕。

有一年耶誕節前夕，賈科莫和阿圖爾吵了一架，因此想取消送給他的蛋糕，但為時已晚，蛋糕已經送出了。

第二天，阿圖爾收到賈科莫的電報：「蛋糕送錯了。」他便隨即回了份電報：「蛋糕吃錯了。」

☺**大智慧：**

我們有時也會犯這樣的錯誤：幫助了別人，還要發一頓牢騷，以宣洩自己的不

滿。其實，這是最傻的一種行為，用「賠了夫人又折兵」來形容是再恰當不過了。

用腿簽字

美國有位作家某次到一家雜誌社去領取稿費。他的文章已經發表，那稿費早就該付了。可是出納卻對他說：「真對不起，先生。支票已開好，但是經理還沒有簽字，領不到錢。」

「早就該付的款，他為什麼不簽字呢？」作家有些不耐煩了。

「他因為腳跌傷了，躺在床上。」

「啊！我真希望他的腿早點好。因為我想看他是用哪條腿簽字的！」

☺**大智慧：**

如果想搪塞別人，一定要找到能夠使別人相信的理由。

參觀者

「這個廠房就這麼小嗎？」財大氣粗的美國人問陪同人員。他正在參觀一家頗

具規模的冶金工廠。他指著一個貯油罐問：「這裡裝的是什麼？」

「沒什麼，那只不過是工廠辦事處人員所用的墨水。」廠方陪同人員回答。

☺ **大智慧：**

對於那些自以為是的傲慢，最好致以同樣的傲慢。

褒貶

在飯店裡。「我真不明白，為什麼有人竟說你們這裡的飯菜不好！比如說，這裡的咖啡不就很好嘛！」

「對不起，先生。這不是咖啡，這是雞湯。」侍者說。

☺ **大智慧：**

對於一件過於糟糕的事情，與其做不恰當的誇讚，倒不如給出誠懇的批評。

您搞錯了

在公園的長椅上坐著年輕貌美的威廉夫人，懷裡抱著一個可愛的嬰兒。一位中

年紳士走了過來。「多麼可愛的小姑娘啊！」紳士拉著嬰兒的手自作多情地說，「白白嫩嫩的，像個富有魅力的貴婦人的手。」威廉夫人把嬰兒往懷裡抱，並冷冷地說：「先生，您搞錯了兩件事：其一，這孩子是個男孩，其二，您握的是我的手。」

☺**大智慧：**

錯誤的讚美主要是源於我們自己的言不由衷。當一切的表達是出自於我們內心最樸實而真切的感受時，再平淡的讚美也會扣人心扉。

鬧鐘

妻：你說娶我不如買個鬧鐘。

夫：鬧鐘可以叫它停，你卻不能。

☺**大智慧：**

過多的抱怨，於己是一種發洩，於人卻是一種折磨。有時候，沈默往往更容易讓我們獲得應有的尊敬。

尷尬的女王

一次，有位總統去拜訪另一個國家的女王。女王與他共乘皇室的馬車在首都巡遊，馬車由六匹純種皇家牧馬拉著。突然，其中一匹馬放了一個很響的屁，臭味很快彌漫了整個馬車車廂。車廂裡面的女王被這突如其來的情況，搞得一臉尷尬。

「對於這件事我感到十分抱歉」，過了片刻，女王難為情地說：「你知道，即使作為女王，我也無法避免這樣的事情發生。」

「噢，沒關係」，總統若無其事地說：「不過，在你解釋之前，我還以為是馬……」

☺ **大智慧：**

有些事顯而易見，採用沈默或順其自然是解決問題的最佳途徑，多餘的解釋反而會造成誤解和尷尬。

費用

旅館裡的顧客問經理：「每天都有這筆水果錢是怎麼回事？我們碰也沒碰過那些水果。」

「但是每天都有水果放在你的房間裡。你們不吃，不能怪我們。」
「我明白了」，那人說著從帳單上減去一百五十元。
「你在幹什麼？」經理著急地叫道。
「我每天減五十元，當作你吻我太太的費用。」
「你說什麼？我並沒有吻過尊夫人。」
「啊」，那人回答，「可是她每天都在這裡……」

☺**大智慧：**

以其人之道還治其人之身，這是對付無理之人最好的辦法，因為只有這樣他才能切身的體會到自己是多麼的無理。

不懷好意

「由於越來越多的婦女崇尚新潮的服裝，例如：超短裙和工人裝短褲」，一位妻子正津津有味地唸著報上的一則新聞，「所以街上的交通事故據統計已經減少了一半。」

杜絕交通事故呢？」
這時，正在旁邊看電視的丈夫冷不防地插了一句：「那麼為什麼不想辦法徹底

☺ **大智慧：**

某些人總是能把一些不可告人的目的，透過冠冕堂皇的理由表達出來。這是我們要小心的地方。

只給二十分鐘

一九一〇年，西奧多．羅斯福下台後，成為威廉．塔夫托總統的特使，參加英國國王愛德華七世的葬禮，並安排葬禮後與德國總統會晤。

德國總統傲慢地對羅斯福說：「你二點準時到我這裡來，因為我只能給你四十五分鐘的時間。」

羅斯福回答說：「我會準時到的，但很抱歉，總統先生，我只能給你二十分鐘。」

☺ **大智慧：**

「尊重別人，就是尊重自己」。在行為道德上，這如同鏡子的兩面，你能給別

人多少，就能從別人那反射多少。所以，學會尊重別人，是我們獲得尊重的第一課。

珍奇的動物

課堂上，老師問：「同學們，誰能說出一種南非的珍奇動物？」

「北極熊！」小娜不假思索地站起來回答。

「孩子」，老師和藹地對小娜說：「在南非是找不到北極熊的。」

「我知道！」小娜說，「正因為這樣，北極熊在南非才是珍奇的動物嘛！」

☺ **大智慧：**

強詞奪理除了帶給自己虛妄的快感，和旁人的嗤鼻一笑以外，毫無真實的價值和現實的意義——後者才是我們應該追求和尊崇的！

修女與司機

一個修女搭乘一輛計程車，從她坐入計程車開始，那個計程車司機就不停地盯著她看。於是，她問那個司機：「你為什麼一直盯著我看？」

司機回答道：「我有一個請求，但是我又不想因此而冒犯你。」

修女說：「我親愛的孩子，你不會冒犯我的。如果你到了我這樣的年紀，做了那麼長時間的修女，人世間的是是非非都已經看盡，也都已經聽到或者經歷過了。我相信你不可能說些什麼令我感到被冒犯的事。」

「那我就說了，我總是幻想著被一個修女親吻。」

修女說：「讓我來猜猜，第一、你一定還沒有結過婚；第二、你一定是一個天主教徒。」

那個司機非常興奮地說：「是的，我是還沒有結過婚，我是一個天主教徒。」

修女說：「那好吧！把車子開到前面的那條小巷裡。」

司機把車開入小巷後，修女滿足了他的願望。當他們回到大道上，那個司機卻哭了起來，「我親愛的孩子」，修女說：「你為什麼哭泣？」

「原諒我吧！我違反了宗教的教律，我說了謊，我必須懺悔，我已經結婚了，而且我是一個猶太教徒。」

修女說：「不必擔心，我叫布洛絲，我正準備去參加萬聖節的化裝舞會呢！」

☺**大智慧：**

當你迫切的想得到某樣東西，而不惜一切的時候，千萬不要認為自己已經成了主宰，也許這時你正是另一個人不惜一切想得到的獵物。愚弄別人的最終往往也會被他人所愚弄。

抵押

顧客：「對不起，這頓飯的錢我付不了，因為我忘了帶錢。」

餐廳老闆：「沒關係，請把你的大名寫在牆上，你下次來時再付好了。」

顧客：「這可不行，別人都會看見我的名字的。」

餐廳老闆：「把你身上的大衣脫下來掛到牆上，不就可以遮住了嗎？」

☺**大智慧：**

不要企圖以自己的小聰明去愚弄他人，因為這會使你面臨他人對你更大的愚弄。

彈琴和補靴

庫勒克是德國的大鋼琴家，有一次被富翁白林克請去吃飯。白林克過去是個鞋匠。進餐完畢，主人要求客人彈首曲子，庫勒克只好從命。

不久，音樂家也邀請白林克來吃飯。飯後，他捧出一雙舊靴來。富翁感到很納悶，庫勒克說：「上次你請我，是為了聽曲子；今天我請你，是為了補靴子。」

對不起，這頓飯的錢我付不了，因為我忘了帶錢。
沒關係，請把你的大名寫在牆上，你下次來時再付好了。

這可不行，別人都會看見我的名字的。

把你身上的大衣脫下來掛到牆上，不就可以遮住了嗎？

☺**大智慧：**

欠別人人情好比欠債，總有該你還債的一天，哪怕你是多麼的不情願。

不爭議的智慧

有兩個人不斷的為一個民間故事爭論。一個說《水滸傳》上有個使板斧的好漢叫李達，另一個堅持說叫李逵。

兩人爭論不休，就打賭二十塊錢，去找一位古典文學權威評定。

權威笑眯眯地看了兩人一會，判定《水滸傳》上的好漢乃是李達，於是主張李逵者輸掉二十元。

事後，「李逵派」質問權威為何如此荒唐斷案。權威答道：「你不過損失了二十元，那小子如此頑冥不化，我們就害他一輩子好了。他從此認定這好漢乃是李達，還不出一輩子醜嗎？」

☺**大智慧：**

有時候，對謬論的附和，恰恰是對謬論者最大的懲罰。

約會

一個大學生去相親，談起班上的同學口若懸河，如數家珍地說起了同學們的外號：白兔，二牛，騷狐，老豬，當他講累了的時候，女孩問他：「你是主修動物管理的嗎？」

☺ **大智慧：**

俗話說：「話不投機半句多」，如果話沒有說到對方的心坎上，說的越多就會越讓對方覺得無味，說話要注意場合，談論某個話題要懂得適可而止。

只看見自己

一位傲氣十足的富翁，去看望一位哲學家。哲學家將他帶到窗前說：「向外看，你看到了什麼？」

「看到了許多人。」富翁說。

哲學家又將他帶到一面鏡子面前，問道：「現在你看到了什麼？」

「只看見我自己。」富翁回答。

哲學家說：「玻璃窗和玻璃鏡的區別只在於那一層薄薄的水銀，就這麼一點點可憐的水銀，就讓一些人只看見他自己，而看不見別人。」

☺**大智慧：**

人們通常只看見自己，看不到別人。哲學家的話讓富翁明白了一個道理：人貴有自知之明，無論你的成就有多高，一定要知道天外有天，人外有人，時刻保持謙虛和謹慎。

part7

笑談物質金錢和財富

WE ARE
NOT
FUNNY
AT ALL

生意興隆

拳擊比賽當中有一位選手的牙齒被打掉了。看得讓人心驚膽顫的，唯有一位觀眾高興得眉開眼笑，手舞足蹈。坐在旁邊的觀眾好奇地問：

「先生，你是拳擊教練嗎？」

「不，我是牙科醫生。」

☺ **大智慧：**

當我們的看待事物的眼光變得狹小，甚至最終只為了一種職業的需要時，我們將從此失去了生活的真正樂趣。

催帳信

湯姆是個有名的賴帳鬼，酒店老闆吃了他不少虧。

一天，湯姆走進酒店，痛痛快快地付清了所有欠帳，並且說：「老闆，你昨天寫給我的那封催帳信太感人了，讀後令我不得不儘快還你錢。請問你是怎樣想出這麼精彩的句子的呢？」

老闆告訴他：「不瞞你說，我妻子現在正在法國戛納海濱度假，開銷極大，所以她常寫信回來要我寄錢。我是從她的信中摘錄了幾段寄給你的。」

☺**大智慧：**

不要以為金錢都是萬能的，「君子愛財，取之有道」，而道理恰恰就在金錢之外。

最大的發現

英國化學家戴維曾是大科學家法拉第的先生，他支持法拉第的發現，並提供了幫助。當然他自己也取得了科學上三大重要成就——電解法分離鹼金屬和鹼土金屬、確定氯是元素、發明安全燈。但當人們稱頌他的發現時，他卻說：「不！不！我一生最大的發現是法拉第。」

☺**大智慧：**

再偉大而神奇的東西，也是人創造出來的。所以，人才是真正的資源。尤其在現代社會中，誰擁有了才能，誰就等於擁有了財富。

得到了金子

德國物理學家基爾霍夫有一次舉行講座時指出，從太陽光譜上看到的黑線證明太陽上有金子存在。一位前來聽講的銀行家譏笑基爾霍夫說：「如果不能真正的得到它，那這樣的金子又有何用處！」後來基爾霍夫因光譜分析方面的發現榮獲了金質獎章，他把獎章拿給那位銀行家看，並說：「你瞧，我終於從太陽上得到了金子。」

☺ **大智慧：**

一項重大的發現比金子還要珍貴得多。

餓得吃草

一個長時間受到饑餓折磨的窮人，看見一位闊太太坐在自己屋旁的椅子上，為了引起她的同情，他便跪在地上，吃起草來。「啊，可憐的人兒，你在做什麼？」

「太太，我餓極了，現在正準備吃草。」

「這多麼可怕啊？」她的眼睛充滿了同情，「你能不能到我院子裡來一下？」

她稍微沈默了一下，「我們那裡的草長得比這裡的更好，更多汁。」

☺ **大智慧：**貧窮並不可怕，可怕的是在貧窮中失去了自尊和鬥志。

歸屬

美國大畫家惠斯勒，有一天隨幾個朋友去訪問倫敦的某個百萬富翁。一走進那華麗的客廳，他便發現牆壁上掛著一幅他的親筆畫，那是他多年前的作品。他看了一下，覺得很不滿意，於是就取出畫筆和顏料，在那畫上用快筆加以修改。「你這是在做什麼？」

主人一見，大為震驚地說，「你是誰，敢在我的畫上亂塗！」

「你的畫？」惠斯勒不動聲色地回答道，「你以為付了錢就成為你的了嗎？」

☺ **大智慧：**金錢並不是萬能的，最起碼思想與創造和金錢之間永遠都無法進行「等價」的交換。

精打細算

去歐洲出差之前，一名男子開著勞斯萊斯到倫敦市中心的銀行，進去要求預借現金五千元。貸款部的服務人員要他留下抵押品。「嗯，那麼，這是我勞斯萊斯鑰匙，」男子說道。貸款部的人員馬上拿著鑰匙把車開到地下室的停車場去保管，接著就拿五千元給他。兩個禮拜以後，男子走進銀行的大門，要求償還貸款並把車領回。

「您貸款的款項為五千元，加上五百四十元的利息，」貸款部的人員解說道。這名男子開了張支票後準備離去。

「先生等等，」貸款部的人員說道，「在您離開後，我發現您原來是個百萬富豪。您怎麼可能會需要向銀行借五千元？」

男子微笑道，「在曼哈頓有什麼地方可以停兩個禮拜的車子，卻只收五百四十元呢？」

☺ **大智慧：**

財富的積累不僅僅在於收入的增加，還在於對現有財富的合理使用。這個笑話

給我的啟示是，我們可以多利用金融工具來理財，但最重要的是有個靈活的頭腦。

金錢和正義

一天國王問阿凡提：「阿凡提，要是現在出現在你面前的一邊是金錢，一邊是正義，你選擇哪一樣呢？」

「我願意選擇金錢。」阿凡提回答。

「你怎麼了？阿凡提，」國王說，「要是我呀，一定選擇正義。金錢有什麼稀奇？正義可不是容易找到的啊！」

「誰缺什麼就想要什麼，我的陛下。」阿凡提說，「您想要的東西正是您最缺少的呀！」

☺ **大智慧：**

越是高喊口號的，內心就越是空洞和缺乏，越是講究形式的，本質就越虛無和漂緲。

究竟誰是議員

佛蘭克林不僅是個著名的科學家，也是一位政治家。他曾積極地參加了《獨立宣言》的起草，為爭取黑人解放發表演說，為建立美國的民主制度進行抗爭。他在指責一項有錢人才能有資格當選為議員的法律條文時說：「要想當上議員，就得有三十美元。這麼說吧，我有一頭驢，它值三十美元，那麼我就可以被選為議員了。一年以後，我的驢死了，我這個議員就不能繼續當下去了。請問，究竟誰才是議員呢？是我，還是驢？」

☺ **大智慧：**

在這個世界上，只有錢最不值「錢」。

承諾與胡言亂語

擁有百萬家產的富翁歐里病倒了，臥床不起，看樣子病得不輕。他對醫生說：「大夫，如果我康復了，我捐五十萬美元給您的新醫院。」醫生聽了很高興，竭盡全力為他治病。幾個月後歐里恢復了健康，醫生說：「您恢復得很好，這使我很高

興，我想該和您談談為新醫院捐款的事情了。」歐里很驚訝地說：「是我答應的？」

「是啊，您親口對我承諾的。」

「您看，我病得多嚴重呀！甚至胡言亂語起來了！」

☺ **大智慧：**

與生命比較起來，錢財乃身外之物。這個道理只有人在生命受到威脅的時候體會最深刻。

吝嗇鬼投河

兩個吝嗇鬼在路上相遇了。

「你要去哪兒呀？」一個問。

「我不想活了，要去跳河。」

「你瘋了嗎？怎麼還穿著新衣服？」

☺ **大智慧：**

身外之物本是因人而存在，如果連生命都放棄了，其他的還有什麼價值可言。

經濟危機

小時候讀的一個故事：冬天天冷了，小彼得問媽媽：「天這麼冷，我們為什麼不起爐火？」

「因為你爸爸失業了，我們沒錢買煤。」

「爸爸為什麼失業？」

「因為煤太多了。」

☺**大智慧：**

財富的法則有時就是這樣近乎殘酷的悖論。

加薪

有一次，英國女王安娜參觀著名的格林威治天文臺，當她知道身為天文臺長又是天文學家的詹姆斯·布拉德萊的薪資很低以後，表示要提高他的薪資。可是，布拉德萊懇求她千萬別這樣做。

他說：「如果這個職位一旦可以帶來豐厚的收入，那麼，以後到這個職位上來的將不會是天文學家了。」

☺ **大智慧：**

一些高尚的事業永遠與金錢無關，不僅無關，金錢還會敗壞這些事業。

報酬

母親對正在音樂學校學鋼琴的女兒說：

「如果每天晚上，你在家裡練琴，我每天都會給你一馬克。」

「這太少了，」女兒說，「如果每天晚上，我不在家裡練琴，隔壁的羅蘭太太答應每天都給我兩馬克呢！」

☺ **大智慧：**

金錢是用來交換物品的貨幣，但並不是所有的東西都可以用金錢來交換。任何東西都有它的局限，金錢也不例外。

針鋒相對

一個路人被汽車撞傷，車將他的左腳撞斷了。在法庭上，他強烈的要求肇事司機必需賠償他五萬美元的損失。

「這辦不到！您大概是把我當成百萬富翁了。」汽車司機提出抗議。

「而您，大概是把我當成螞蟻了。」受傷人反駁說。

☺ **大智慧：**

健康的價值不能用金錢來衡量。但是，當人的健康出了問題以後，除了金錢，還有什麼能充當更好的補救措施呢？在沒有想出一種更好的東西來代替它之前，不要輕易地否定金錢的作用。

富有的女人

一個晚會上，一位婦女正在大肆誇耀她的富有：「我經常用酒和牛奶清洗我的鑽石，用紅葡萄酒清洗我的紅寶石，用白蘭地清洗我的綠寶石，用鮮奶清洗我的藍寶石，你呢？」她問坐在旁邊的一位老婦人。

「噢！我根本就不洗它們，」老婦人答道，「一旦它們稍微沾染了些灰塵，我就隨手扔掉了。」

☺ **大智慧：**

金錢絕不是人生的全部，更不應該成為炫耀的資本。在你的生活中，不能因為金錢而使自己喪失健康和美好的人格。

法國作家弗郎索瓦·拉伯雷有一次有急事要到巴黎去，可是身上沒有旅費，怎麼辦呢？

他拿了一些有顏色的粉末，用紙包成三包，分別在上面寫著：「給國王吃的藥」、「給王后吃的藥」、「給太子吃的藥」，然後，他很刻意的讓員警看見這些東西，員警發覺後，如臨大敵，馬上把拉伯雷抓起來，當作重大嫌疑犯押送到了巴黎。經過調查後，因無法找到定罪的證據，只好把拉伯雷放了。他就這樣沒有花一分錢，來到了巴黎。

☺ **大智慧：**

正所謂「條條大道通羅馬」，只要有智慧，你就不會一直貧窮下去。因為，財富是智慧和魄力的結晶。

對聯

一個秀才，自得其樂地在家裡貼了副對聯：「身無分文，家徒四壁。」遭到街坊的嘲諷，秀才說你們看清我的對聯，寫的是「身無分文債，家徒四壁書。」

☺ **大智慧：**

固守清貧而求精神上的富足，這也是一種生活態度。

錢和命

有個人極其吝嗇。一次，他要過河，但剛剛下過大雨，河水猛漲。雖然有渡船可坐，但他怕出船錢，便捨命涉河。剛走到河當中，就被河水沖倒，漂流了半里多遠。他兒子在岸上要找船救他。船主說給一文錢才去，兒子講價，說只能給五分。

雙方討價還價拖延了很長時間也沒有說定，他這時眼看就要不行了，在垂死掙扎中，還回過頭來向他兒子呼喊：「我的兒子，我的兒子，五分就救，一文不救。」

☺**大智慧：**

「有其父必有其子」，金錢和人的生命相比是微不足道的，這樣本末倒置，到時生命沒有了，留著金錢還有什麼意義？

先醫狗眼

某人患了眼疾，出門看病時，被自家養的狗咬破了褲子。

醫生為他看病時，他把狗咬衣服的事也告訴了醫生。醫生打趣地對他說：「先生家裡的狗眼睛一定也是有問題的，不然，怎麼會把主人的衣服也咬破了呢？」

回到家，這人想：「這條狗眼睛有問題；咬到我是小事，要是晚上來了小偷，它也看不見，那事情就大了！」

於是，他把醫生開的藥熬好了先餵狗吃，自己吃剩下的藥渣。

☺**大智慧：**

人，來空空，去空空。財物為人用，切不可人為財物用。否則，不用別人來評論，自己就會把自己看得低賤了。

血統

加拿大外交官賈斯特・郎寧在競選議員時，因幼年時吃過黃種人奶媽的奶水而受到政敵的攻擊，說他身上一定有黃種人的血統。郎寧反駁道：「你們是喝牛奶長大的，那身上一定有牛的血統了！」

☺ **大智慧：**

物質的東西怎能決定精神的屬性？魯迅先生就曾經說過：「牛吃的是草，擠出來的是奶。」人應該比牛更高級，吃的是糧食，產生的卻是精神。

錢說話

有一個叫花子，假裝成啞巴在街上乞討，他常常用手指著破木碗，又指著自己的嘴，嘴裡發出「啞啞」的聲音。有一天他拿著兩文錢去買酒喝，酒喝完時，他說：「再給我添點酒。」

酒店主人很納悶地問：「你每次來都不會說話，今天怎麼會說話了呢？」

叫花子說：「以前是因為沒有錢，叫我怎麼說得出話來？今天有了一些錢，自然會說話了。」

☺ **大智慧：**

沒有錢就把人逼成啞巴，有錢人財大氣粗連說話聲都能高上三分。如果有錢才能說話，那麼大部分的人可能都沒有資格說話了。

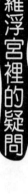

人身保險

「你的人身意外保險的金額是多少？」

「三百萬。」

「怎麼這麼少？為這點錢去死太不值得了！」

☺ **大智慧：**

金錢的邏輯總是不惜一切代價，甚至敢於以某個數字來和生命做等值的比較。

羅浮宮裡的疑問

在羅浮宮裡，兩個美國富豪站在油畫《耶穌誕生》面前。

「我真不明白，」一個人說：「連最基本的生活條件都不具備，他們怎麼生活。看，孩子就直接躺在乾草上。」

「難道你不知道耶穌的父母都很窮嗎？」

「窮？那他們當時怎麼請得起像提香這樣要價極高的畫家來為他們作畫呢？」

☺ **大智慧：**

在滿足人的口舌之欲的同時，財富卻讓人的頭腦變得俗不可耐。

學費

有人送其子到阿里斯提卜那裡求學，阿里斯提卜要收五百得拉克瑪學費。那人很不高興地說：「這筆錢可以買一個奴隸！」

阿里斯提卜說：「否則的話，你將有兩個奴隸。」

☺ **大智慧：**

做一個有教養的乞丐總比做一個未開化的人要好。因為前者需要的是金錢，而

後者需要的是教化。

不值一塊錢

在一個晚會上，蕭伯納正在專心地想他的心事。坐在旁邊的一個富翁不禁感到好奇，就問道：「蕭伯納先生，我願出一塊美元，來打聽你在想些什麼。」

蕭伯納回答說：「我想的東西真的是不值一塊錢。」

富翁更加好奇了：「那麼，你究竟在想什麼呢？」

蕭伯納安詳地答道：「我是在想著您啊！」

☺**大智慧：**

財富並不能完全衡量一個人的價值，但有時候卻能衡量一個人的品格。

更改藥方

「非常感謝您，醫生。感謝您為我開的這個藥方。但請原諒，我一時還不能付錢給您。不過請您放心·將來在我的遺囑中我一定會寫上您的名字的。」

「好極了！先生。不過，請您把我剛才給您開的藥方拿給我，我要做一些小小的更改。」

☺**大智慧：**

對那些充滿物質欲望的人來說，利益薰心是解釋他們一切行為的不二法門。

火災與水災

甲乙兩個生意人在海邊聊天。

「我在這裡只能休息一星期，」甲說：「我拿到了十萬馬克保險金，那是因為我的房子失火了。」

乙：「我得到了二十萬馬克保險金，那是保險公司賠償我因水災造成的損失。」

甲：「先生……您能不能告訴我，怎樣才能造成水災呢？」

☺**大智慧：**

為金錢而不擇手段是某些人的特徵，而令他們永遠不安的不是良心，而是欲望。

消費的觀念

一個日本老太太和美國老太太死後在天國相遇了，日本老太太說：「我好不容易在死的前一天把買房的錢給湊齊了」。美國老太太卻說：「我終於在死的那天，把我買房子向銀行借的貸款還清了。」

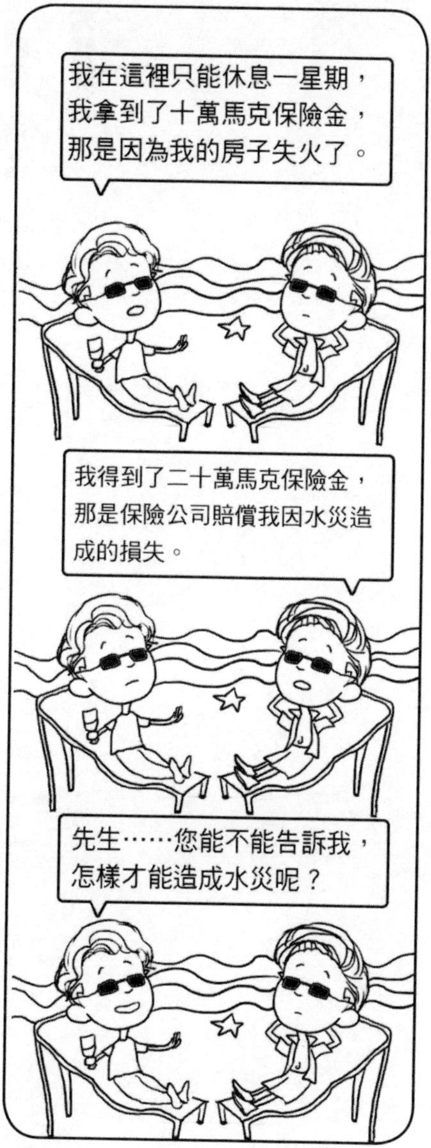

我在這裡只能休息一星期，我拿到了十萬馬克保險金，那是因為我的房子失火了。

我得到了二十萬馬克保險金，那是保險公司賠償我因水災造成的損失。

先生……您能不能告訴我，怎樣才能造成水災呢？

☺**大智慧：**我們面臨的最大的問題不是沒有錢可以用，而是缺乏花錢消費的藝術。

狂妄的年輕學者

波爾森在研究古希臘文學方面的造詣非常精深，成為學術界的權威。

有一位對這方面感興趣的年輕學者，曾魯莽地要求要和波爾森合作研究。波爾森耐心地聽完了他的說明後，對他的不自量力和狂妄很不以為然，便對他說：「你的建議極有價值，把我所知道的和你所不知道的加在一起，那就是一部鉅著。」

☺**大智慧：**未讀遍天下書，不可信口雌黃。

part8
笑談待人接物與技巧

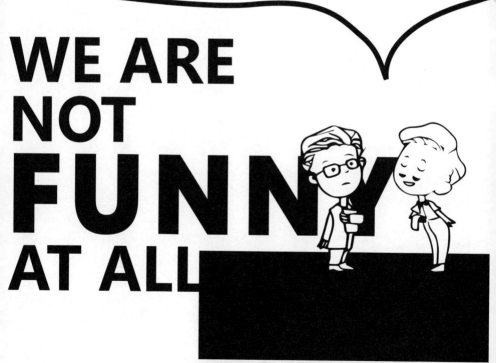

WE ARE
NOT
FUNNY
AT ALL

實驗的價值

發明了世界上第一架發電機的英國化學家兼物理學家法拉第，對知識有著執著的追求，為了一項科學研究，他常常百折不撓，這使得那些急功近利的人深感疑惑不解。

有一次，他的一個稅務官朋友格拉道斯通，看到法拉第在做一個在他看來毫無實用價值的實驗，便問道：「花這麼大的力氣，即使成功了，又有什麼用呢？」法拉第回答說：「好吧，不久你就可以收稅了。」

☺ **大智慧：**

「君子曉於義，小人曉於利。」人和人之間有時候就像兩條平行線，永遠都不可能相交，不理解也就很正常了。

患難與共

兩個平常非常要好的朋友一道上路。

途中，突然遇到一頭大熊。其中的一個如閃電般地搶先爬上了樹，躲了起來。另一個也想爬樹，但已經來不及了。眼見逃生無望，便靈機一動，馬上躺倒在地上，緊緊地摒住呼吸裝死，他聽說熊從來不吃死掉的東西。

熊走到他跟前，用鼻子在他臉上嗅了嗅，轉身就走了。

躲在樹上的人下來後，問朋友說熊在他耳邊說了些什麼。

那人說：「熊要我今後千萬注意，別和那些不能共患難的朋友在一起。」

☺ **大智慧：**

趨炎附勢的人，不可與其共患難。

高見

一位商人和他的朋友應邀到一位教授家吃晚飯。席間，一位客人問他是否喜歡莎士比亞。他回答：「喜歡，但我更喜歡威士忌。」

眾人啞然。回家的路上，他的朋友說：「你真蠢，幹嘛提威士忌？誰都知道，莎士比亞不是酒。而是一種乳酪。」

☺ **大智慧：**

人說：「物以類聚，人以群分」，什麼樣的人交什麼樣的朋友。孟母三遷，擇鄰而居是很有道理的。

船長的命令

有一位船長帶領一批新水手航行在大海上，突然，一艘海盜船向他們駛來。水手們驚慌不已。然而船長卻很鎮靜，他向副手說：「拿我的紅色襯衫來！」船長穿上他的紅襯衫，指揮水手作戰，終於戰勝了海盜。

這天，又來了兩艘海盜船，水手們又害怕起來。船長仍鎮靜地說：「拿我的紅色襯衫來」終於又打敗了海盜。水手們不解地問：「您為什麼總是穿紅襯衫打仗？」

船長說：「這樣做，萬一我受傷了，你們就不會因看到鮮血而驚慌啊！」這天，突然來了十幾艘海盜船。這次，水手們更加害怕，他們都緊張地看著船長，等著船長拿紅襯衫的指示，船長想了半天，對等著他命令的副手說：「拿我的暗紅色褲子來！」

☺ **大智慧：**

人都不是神，再勇敢的人也有害怕的時候，再有能耐的人也有技窮的時候。一個好漢三個幫，多交朋友不是件壞事。

幽默的太太

一九四八年杜威和杜魯門同時競選美國總統。民意調查中，杜威遙遙領先，勝券在握。他在準備祝捷時問太太：「你就要跟美國總統同床共枕了，有何感受？」太太答：「榮幸之至，簡直等不及了。」

出乎意料之外，這次的選舉杜威敗選了。太太說：「請問，是我到華盛頓去，還是杜魯門到這裡來？」

☺ **大智慧：**

有些人是做了再說，有些人是說了再做，有些人是說了也不做，更有些人是做了也不說。

難以和好

「你知道，彼德和約翰是否言歸於好了呢？」

「他們雙方都有和好的意願，但一直沒能解決。」

「那為什麼呢？」

「兩人都忘了之前是因為什麼而吵架。」

☺ **大智慧：**

生活中的瑣事，有很多是不需要去記的。

破產以後

兩個西德人在路上相遇。

甲：「你好！好久不見了。我最近很倒楣，破產了。自從我破產以來，我的朋友有一半不和我來往了。」

乙：「那不是很好嗎？您至少還有另一半真正的朋友。」

甲：「好是好，只是剩下的那些朋友還不知道我已破產了。」

☺ **大智慧：**

知心的朋友可遇而不可求，他會是你倒楣時的好運氣。

項鏈

「維克，你生日那天，我為你準備了一條珍貴的項鏈。」

「可是我生日已經過了，而且我並沒收到啊！」

「你來看，我正好戴著呢！」

「你不是說它是為我準備的嗎？」

「當然啦！不是為了你我絕對不會戴這玩意兒。」

☺ **大智慧：**

俗話說「禮輕情意重」，雖說重要的是心意，但若僅是送出心意，卻將禮物留給自己，那心意又能透過什麼表達出來呢？

英雄所見略同

有個朋友請瑞典作家斯特林堡看戲。這位朋友聲稱這戲是自己的新作。戲開演之後，斯特林堡越看越不是滋味，他發現，這齣戲從人物到情節，正是他從前想寫而沒來得及寫出來的一部戲，不久前，他曾向這個朋友談過他的構思。

戲散場後，這位朋友「謙虛」地向他徵求意見，斯特林堡平靜地說：「這正是我想要寫的戲，看來，我們是英雄所見略同啊！」

☺ **大智慧：**

有時候，在利益的驅動下，朋友也未必是可靠的，保持適當的警覺心是必要的。

候客

有一天，蕭伯納收到一個有錢的女人寄來的大紅請帖：「我將在星期二下午四時至六時在舍下恭候您大駕光臨。」

蕭伯納退回原帖，並在上面寫道：「蕭伯納先生在同日同時在家恭候。」

☺ **大智慧：**

「文人輕利重氣節」，如果想獲得他們的友誼，需要付出真正的誠意。

好靜

一個人極喜歡安靜，偏偏他住的地方一邊是銅匠，一邊是鐵匠，從早到晚被那些敲打金屬的聲音吵得受不了。這人深以為苦。他常說：「如果銅匠和鐵匠兩家有搬家的日子，我願意請客謝謝他們。」

一天，銅匠和鐵匠忽然一起來了，說：「我們倆很快就搬家了，您一直許願要請客，今天我們特地來領情了。」

這人問他們什麼時候搬，他們說「就在明天。」此人一聽非常高興。就準備了豐盛的酒菜款待他們。

酒足飯飽之後，這個人問道：「你們兩家搬到哪兒去呀？」

銅匠和鐵匠說：「我搬到他家，他搬到我家。」

☺ **大智慧：**

想來，雖然銅匠和鐵匠很狡詐，但如果先被問及他們要遷到何處去，這頓飯能不能吃到還很難說呢！所以說，相信別人也要在查明真相之後。

送禮

有個人家裡有喜事，親朋好友紛紛送禮祝賀。一個朋友只送了五分銀子，並在

紅包袋上寫道：「送賀禮一錢，現銀五分，賒欠五分。」

後來，這個朋友家也有喜事，按理他也應該送禮。他就送了個空的紅包袋，在紅包袋上寫道：「計還你欠我的五分，再賒五分。」

☺ **大智慧：**

真是棋逢對手，將遇良才，早知如此當初又何必互贈禮物呢？人與人之間相處，應真誠對待，將心比心，像這樣冤冤相報，何時才能了結！

現代派作品

大學藝術設計課下課時，有個同學無意中把我的一大瓶膠水撞倒在地上，瓶子撞破了，地上撒滿了一大片難看的碎玻璃和膠水及塗膠的刷子。我想等膠水乾了再打掃也許比較容易，所以當時沒有清理它。

可是等我回來時，那片亂七八糟的東西不見了。我問當時並不在場的老師，他起先表示不明所以，繼而感到不可思議。「原來那個東西是這樣來的！」他驚訝地說，「有人把它當作設計作品交上來了。」

☺ **大智慧：**

「有心栽花花不發，無心栽柳柳成蔭」。就像朋友，很多時候都是可遇而不可求的。

特殊療法

有一個修女從診療室裡飛奔出來，還沒有付款就跑了，出納人員感到很奇怪，醫生出來時，她問道：「這是怎麼回事？」

醫生答道：「我告訴她懷孕了。」

「天啦！」出納人員驚呼，「這是不可能的。」

當然不可能，醫生說，「但我用這種方法，治好了她的打嗝。」

☺ **大智慧：**

每個人的心靈深處，都有著最在乎的隱祕和最軟弱的角落——那是人性最可貴的所在，所以，千萬小心不要傷害到這塊心田的嫩草地，因為我們自己也同樣的在乎！

如此居心

一個城裡人開著自己心愛的轎車，在公路上與一輛貨車擦撞，結果兩個人都下車來看損毀的狀況。

貨車主人說：「情況不太嚴重，但是剛才的情景，的確是讓人心驚肉跳的。老兄，不如喝點酒壓壓驚吧！」

貨車主人說著就從破舊的貨車上，拿了一瓶酒下來，打開瓶蓋，遞給城裡人喝。這城裡人覺得貨車主人也頗和善的，就毫無顧忌地喝了幾大口。

城裡人喝完後把酒瓶交給貨車主人，貨車主就把酒瓶蓋上，放回車上。

城裡人納悶地問貨車主人：「你自己何不也喝一點？」

貨車主人說：「我等交通警察來過了之後再喝。」

☺ **大智慧：**

生活中很多人會關照你，對於真誠的傾心相助我們當然感恩不盡；但是，知人知面難知心，尤其在複雜的利益瓜葛中，如果我們毫無防備，難免會被笑裡藏刀的小人謀害——所以，要時刻警戒！

勸阻

法官：被告在打你以前，你有沒有設法阻止他？

原告：有的。我用盡各種最惡毒最難聽的語言來勸阻他，可是他仍然用拳頭打了我一頓。

☺**大智慧：**生活是複雜的，世事皆是因果關聯，我們笑，他也笑；我們打他，他也回敬我們！

再次敬贈

一次，蕭伯納在一家舊書店翻看被低價促銷的書，他猛然地看到了他的一本劇作集，而且該書的扉頁下方有他給一位朋友的親筆題贈：「喬治．蕭伯納敬贈」的字樣。

他當即買下這本書，在題贈下寫道：「喬治．蕭伯納再次敬贈。」

然後將此書又寄回給那位朋友。

☺**大智慧：**珍惜朋友，也要珍惜朋友所贈送的東西。朋友多了路就好走，不要在失去之後才懂得珍惜，那樣已經遲了！

自毀形象

一天，員警發現一個獨自在大街上徘徊的小女孩。她只有三歲半，金髮碧眼，長得非常可愛迷人。但她說不出自己叫什麼名字，也不清楚自己住在什麼地方。

員警無可奈何地開始檢查她的衣服，希望能找到一點線索。小女孩沒有反抗，卻稚聲稚氣地說：「別害怕，我沒帶槍！」

☺**大智慧：**他人對你的一種慣性思維，往往取決於你長時間以來，所形成的一種慣性的行為。

以牙還牙

某日部隊裡的班長要求一新兵到樹後，聽樹在說些什麼。過了一會，新兵回報

「不知道」，班長要求新兵再聽一次。

這次新兵從樹後跑回來說：「樹說，它有話要跟班長說。」

☺**大智慧：**

以眼還眼，以牙還牙。這並不是沒有風度，而是解決問題的一種方法，在運用的時候能夠收到意想不到的良好效果。

唯一的方法

當我第一天開始管理一家農場餐廳的廚房時，我發現一位服務員總是面帶笑容。幾天之後他還是笑嘻嘻的。所以我決定去問個究竟。「你一定是個很開朗的人」，我說，「你為什麼總是笑口常開的？」

他收起笑容，用手指舉向前額。「其實，」他回答，「這是我工作時，不使我的眼鏡掉下來的唯一方法。」

☺**大智慧：**

微笑永遠都是最具魅力的，即使在某些時候，它的出發點可能不是發自內心，

但仍然會在眾人中突顯你的與眾不同。習慣了用微笑來面對生活，於他人、於自己都將是一種恩賜。

照章全抄

紐約市一家旅館的服務員請一位房客猜謎語：「我母親和我父親生了一個孩子，既不是我的兄弟也不是我的姐妹，此人是誰？」

房客答不上來，服務員告訴他：「是我。」

這位房客回家後就拿這個謎語讓朋友猜：「我父母生了一個孩子，既不是我的兄弟，也不是我的姐妹，此人是誰？」

「不知道」，他的朋友反問：「是誰？」

「是紐約的一個服務員。」

☺ **大智慧：**

當我們自己無法斷定，我們是否真正明白了一切的時候，如果向周圍的人重複那個我們一知半解的事實，就是一件最愚蠢的事情。

經驗之談

一個美國陸軍高級軍官和他的朋友在新兵營附近散步。每次一有新兵經過向他敬禮，他回禮的時候都要說上一句：「你也是的。」

他的朋友問他：「你為什麼要說你也是的？」

「因為我也當過新兵。新兵對軍官敬禮的時候，一般都在心裡說出：『你這個狗雜種』。」

☺ **大智慧：**

我們自以為他人對我們隱藏在心裡的惡意毫無所知。而事實上，在不知不覺中，他人早已回敬給我們相同的報復。只是我們可能還渾然不覺而已。

健忘

患者：「大夫，我的記憶力越來越差。」

大夫：「差到什麼程度？請舉個例子。」

患者：「我上了公車，老是忘記買票；到餐廳吃飯，總是忘了付款就走。」

大夫：「你先把醫藥費付清了，我再替你看病。」

☺ **大智慧：**

當我們自身的行為舉止遭到他人顧慮的時候，往往意味著，我們早已經透過語言或行動的方式，向他人表現出，我們自身的一種足以讓他人產生不安情緒的劣根性。

貴國產品

日本旅遊者對孟買計程車司機說：「你們的計程車跑得真慢，日本的計程車跑得很快。你們的公共汽車也跑得很慢，日本的公共汽車跑很快。」

不一會兒，到了目的地，車費一百二十盧比。日本人大叫：「你們的計程錶跑得太快了。」

「是的，先生」，計程車司機說：「這個計程錶是日本貨。」

☺ **大智慧：**

過多帶有感情色彩讚揚的東西，往往最容易讓他人為之利用，並使之成為我們受到攻擊的依據所在。

非彼即此

中士對新派給他的士兵詹姆斯十分生氣。

中士：「我簡直不明白，像你這樣的人怎麼也能混進軍隊裡來！我敢肯定，你根本分不清前面地上的兩個物體，哪個是坦克，哪個是母牛？」

「能，我肯定能分清楚！中士先生。」詹姆斯信心十足地說，「這一頭是母牛，那一輛是坦克。」

說完他猶豫了片刻，又補充道：「中士先生，或者我應該反過來說，這是一輛坦克車，那是一頭母牛。」

☺**大智慧：**

獐邊者鹿，鹿邊者獐。對於糊塗的人或者無知的人，也許這樣的回答是最好的回答，但是人人都知道這樣的人是一個愚蠢的人。

在郵局大廳內，一位老太太走到一個中年人跟前，客氣地說：

「先生，請幫我在明信片上寫上地址好嗎？」

「當然可以。」中年人按老人的要求做了。

「謝謝！」老太太又說，「再幫我寫上一小段話，好嗎？」

「好吧！」中年人照老太太的話寫好後，微笑著問道：「還有什麼需要幫忙的嗎？」

「嗯，還有一件小事。」老太太看著明信片說，「幫我在下面再加一句：字跡潦草，敬請原諒！」

☺ **大智慧：**

幫忙一定要幫到底，否則就別去幫。記住：你若不肯幫忙，人家會恨你一個星期；如果幫得不夠完美，就會恨你一輩子。

有來有往

蕭伯納為慶賀自己的一齣新劇本的演出，特發電報邀請邱吉爾前來看戲：「今特為閣下預留戲票數張，敬請光臨指教，並歡迎您帶友人前來，如果你還有朋友的

話。」

邱吉爾立即回電：「鄙人因故不能參加首場公演，擬參加第二場公演，如果你的劇本能公演兩場的話。」

☺**大智慧：**

人都是有缺點的。一個人的缺點很容易成為別人的把柄，邱吉爾脾氣暴躁，朋友很少。我們在無法迴避自己的缺點的時候，適當的掩飾和轉移目標不失為明智的選擇。

貴客多坐一張椅子

拉布希雷在聖彼得堡當英國使館的官員時，有一次，一位傲慢的貴族來訪，他要求立即會見大使。

「請坐，大使很快就來了。」拉布希雷說。

來訪者對這麼簡潔、沒有客套的接待，大為生氣，說：「年輕人，你知道我是誰嗎？」隨即說出了一長串頭銜。

「那麼，請坐兩張椅子。」拉布希雷說。

☺ **大智慧：**

「人先自辱，而後人辱之」，對於有些人自以為是的傲慢和無禮，適當的回擊是應該的。

莫管他人瓦上霜

從前有個錢老闆，他開了一家餐館，如果是富人來用餐他就恭恭敬敬，如果是窮人來吃飯他就瞧不起，還常常念一兩句詩來諷刺別人。

有一次，一個叫伯槐的壯族窮漢，穿著一件破背心邀請一位秀才來此用餐，他只點了兩碗米粉，錢老闆不高興地走近伯槐，口中念道：「有水也是溪，無水也是奚，除去溪邊水，添鳥變成雞。得意貓兒強過虎，脫毛鸞鳳不如雞。」

伯槐不假思索地對答：「有水也是淇，無水也是其，除去淇邊水，加欠變成欺。龍遊淺水遭蝦戲，鳳入鵲巢被鳥欺。」

跟隨伯槐前來的秀才也針對錢老闆念道：「有水也是湘，無水也是相，除去湘邊水，加雨變成霜。」各人自掃門前雪，莫管他人瓦上霜。

☺**大智慧：**

與人交往的基本原則是相互尊重，輕易嘲笑別人往往會引起更大的反擊。

嚇死了

有幾個怕老婆的人，偷偷聚在一起商量對付老婆的方法。有個好事的人嚇唬他們說：「各位的嫂子已經聽說你們在這裡聚會，她們約好了等會就要殺過來了。」他們都很害怕，各自走開了。可是其中的一個人還坐在那裡一動也不動，好事的人以為他不怕老婆，走近仔細一看，這個人已經給嚇死了。

☺**大智慧：**

與人交往時，開玩笑一定要把握好分寸，注意對方的承受程度，不然一個不小心，會得罪朋友。

反反覆覆

林肯當律師時，一次作為被告的辯護律師出庭。原告律師在法庭上把一個簡單的論據反反覆覆地陳述了兩個多小時，講得聽眾都不耐煩了。

好不容易才輪到林肯上臺替被告辯護。他走上講臺，先把外衣脫下放在桌上，然後拿起玻璃杯喝了兩口水；接著重新穿上外衣，然後又喝水，再脫外衣。這樣反反覆覆了五六次，逗得法庭上的聽眾笑得前俯後仰。林肯一言不發，在笑聲過後才開始他的辯護演說。

☺ **大智慧：** 無聲勝有聲，有時候動作能夠傳達出比言語更多的訊息。

丑角雙薪

有一次，一個很傲慢的觀眾在演出的中段休息時間，走到俄國著名的馬戲團丑角杜羅夫身邊譏諷地問道：「小丑先生，觀眾都非常喜歡您吧？」

「還好。」

「是不是想在馬戲班中受歡迎，丑角就必須具有一張愚蠢而醜怪的臉蛋呢？」

「確是如此」，杜羅夫說：「如果我能有一張像您那樣的臉蛋的話，我肯定能拿到雙薪！」

☺ **大智慧：**

永遠不要試圖挖苦或攻擊你的同學或同事。否則，在你開口的那一瞬間，你就已經成為一個拿雙薪的丑角了。

探視

一個小夥子去探視生病的朋友，到了朋友家之後說：「外面的風真大！我是走一步退兩步，連滾帶爬才來到你家的……」

「等等」，朋友說：「既然你是走一步退兩步，那你是怎麼來到我這裡的呢？」

「噢，是這樣的」，小夥子說：「我是在回家的路上，邊走邊退，才來到你這兒的。」

☺ **大智慧：**

謊言出口也許並不是難事，但難在圓謊。

那怎麼成

有人在參訪精神病院時，見一精神病人把自己懸掛在房梁上，還發出「哈哈」

的怪笑聲，他便問另一個精神病人：「他幹嘛要這樣？」

「他把自己當成吊燈了？」

「哎，你們醫院也真不負責，怎麼不提醒提醒讓他下來呢？」

「那怎麼成，他要是下來了，沒了吊燈，四周不成了一片漆黑了嗎？」

☺ **大智慧：**

與精神病人對話，說的自然是偏離正常軌道的話。如果自己不能辨別身邊誰是精神病人，那才是真正的恐怖。

拳擊手失誤

身材魁梧的拳擊手去餐館用餐，他脫下大衣掛在牆上，因為怕被別人拿走，就在大衣上留下一張紙條：「力大過人的拳擊手的大衣在此，他一會兒就回來。」

然後放心大膽的去用餐。當他用餐完畢去取大衣時，大衣不翼而飛，只留下一張紙條，上面寫著：「傑出的賽跑運動員拿走了大衣，他不再回來了！」

☺ **大智慧：**

人各有所長，你有的別人可能沒有，別人有的你也未必有，不要老是盯著自己

的長處而忽略了自身的不足，善於看到別人的長處和發現自身的不足也是很重要的。

本應享有的關心

有一年夏天，天氣又悶又熱，費爾帕斯教授走進擁擠的列車餐車去吃午飯。

在服務員遞給他菜單的時候，他說：

「今天那些在爐子邊煮菜的廚師一定是夠受了。」

那位服務員聽了以後，吃驚的看著他說：

「上這兒來的人不是抱怨這兒的食物，便是指責這裡的服務，要不就是因為車廂內悶熱而大發牢騷。十九年來，你是第一個對我們表示同情的人。」

☺ **大智慧：**

人們所需要的，是一點作為人所應享有的關心。一個人最大的悲哀，是在一個陌生的環境裡沒有人在意他的存在，寂寞的根源在於沒有人覺得你的重要。

奇妙的賀詞

艾迪．坎托是一位受人歡迎的美國喜劇演員。他的經紀人兼製片家歐文．撒爾貝格是他的好朋友。

一天，他聽說撒爾貝格生了個兒子，便趕忙發了一封賀電，電報內寫道：「祝賀你的最新產品問世，它在被剪輯以後肯定會更好看。」

☺**大智慧：**

每一個人剛出生時都是一個新產品，都是沒有定型的、有希望的，如果教育的好，「剪輯」的好，這個新產品就會成功地超越出自身的能量。否則，等待它的只有被淘汰的命運。

榮幸

一位剛剛榮升的上校到前線視察他將要接管的部隊，他走到佇列中在位有點羞澀的士兵面前停了下來，說：「年輕人，頭抬高點，即使在大人物面前也要挺起胸來。讓我們握握手，你可以寫信告訴家人，說你和上校握過手了，他們一定會為此

感到驕傲的，年輕人，你爸爸是做什麼的？」

士兵說：「報告長官，我爸爸是將軍。」

☺ **大智慧：**

千萬不要因為別人的一時地位低下而看不起別人，即使他沒有顯赫的家世，也可能在不久的將來淩駕到你的頭上。

上帝的轎車

口若懸河的推銷員向波爾太太推銷《少年百科全書》，他說這套書能解答孩子們提出的任何問題。這時，恰巧波爾太太的小兒子亨利來了。

推銷員拍著小亨利的頭說：「孩子，你隨便問我一個問題，讓我跟你媽媽示範一下，看我怎麼從書上找到你想知道的答案。」

小亨利：「上帝坐的是什麼廠牌的轎車？」

☺ **大智慧：**

很多成年人都覺得兒童的思想單純，容易掌握。因而他們常常會犯一個錯誤，

就是在兒童面前充當百科全書。事實上兒童的想像力遠在答案之外。

太複雜了！

有一天有一個人帶著一條狗來到唱片公司，他說他是這條狗的經紀人，並說他這條狗會唱歌跳舞等等，老闆不相信，就叫小狗表演一次。當音樂響起，小狗真的就跟著音樂載歌載舞起來。

老闆目瞪口呆的看著小狗，一邊想著這一次真的是遇到搖錢樹了，就趕快拿出合約書希望與狗簽約，沒想到忽然一條大狗衝進來，把小狗銜走了。

老闆問：「這是怎麼一回事？」

經紀人無奈的表示：「唉！那是他媽媽，他媽媽希望他兒子成為一名醫生，演藝圈太複雜了！」

☺ **大智慧：**

所有的父母都希望子女能在一個安全的環境中成長發展，為此甚至抹殺了很多孩子的天分。但是，有些行業本身的環境太過於複雜也是重要的原因之一。畢竟，安全比金錢重要。

提問問題

小湯姆喜歡提問題，有一天，他又問了爸爸一堆問題，他爸爸不知怎樣回答，便說：「別問我那麼多問題，今天你差不多問了一百個問題了。我小時候問我爸爸的問題，加起來還沒有你今天問的一半呢？」

小湯姆說。

「喔，對啦，爸爸您當時如果多提些問題，也許你就能回答我更多的問題了」

☺**大智慧：**

我們常常無法回答孩子提出的問題，但這並不是我們要拒絕孩子的理由。對於兒童的好奇心而言，鼓勵它比抹殺它更有利於孩子的發展。許多時候，我們應該鼓勵孩子自己去尋找答案。

小羔羊的毛

一個小男孩第一次到牧場，見到了小羔羊。他鼓足勇氣去摸了一下，接著發出驚喜的叫聲「它的毛是用毯子做的！」。

☺ **大智慧：**

對於孩子的教育，自然科學和人文教育是很重要的，這是孩子全面發展的保證，也是培養他們將來適應環境生存的能力。

校服的顏色

一個紐約人來到賭城拉斯維加斯開會，順便帶著九歲大的兒子去看表演。舞臺上幾個女郎身上只穿著幾片小到不能再小的小布料做成的衣服，九歲的兒子叫道：哇！哇！好棒啊！父親急得不知如何處理這局面，但這男孩又興奮地叫道：她們穿的和我們的校服同顏色！

☺ **大智慧：**

孩子眼中的世界遠遠要比我們眼中的還要純潔。童心是這個世界上最珍貴的東西之一，盡力給孩子一個純淨的成長環境，讓他們保持童心，是我們的責任。

圓明園是誰燒的

歷史課上，老師在講《火燒圓明園》的原由，小明一直在打瞌睡，老師便問：「小

明，圓明園是誰燒的？」小明嚇得睡意全無，驚慌答道：「不是我燒的？」。

次日家庭訪問時，老師說起此事：「我問小明，圓明園是誰燒的？他居然說不是他燒的」。

這時，小明的媽媽急忙答道：「我家小明一向老實，他說不是他燒的就一定不是他燒的」，小明的爸爸站了起來，滿臉不高興地說道：「燒就燒了，該付多少錢賠了就是了」。

☺ **大智慧：**

我們不要錯誤的以為錢是解決一切問題的辦法。對孩子該寵的時候就寵，該教育的時候就一定要嚴格教育，因為「歷史就是一面鏡子」。

第一名

畢業典禮上，校長宣佈全年級第一名的同學上臺領獎，可是連續叫了好幾聲之後，那位學生才慢慢地走上台。

後來，老師問那位學生說：「怎麼了？是不是生病了？還是沒聽清楚？」

學生答：「不是的，我是怕其他同學沒聽清楚。」

☺**大智慧：**

有多少人受到名與利的捆綁？我們被教育要爭氣、要出頭，但是能爭氣出頭的，不過是少數人，沈默的大眾畢竟還是多數。想一想，有那麼多人都和你我一樣，那不也是件很令人慶幸的事嗎？

今天頒獎，校長叫你的名字那麼多次你都沒反應，是沒聽清楚嗎？
不是的，我是怕其他同學沒聽清楚。

part9
笑談名人逸事與趣聞

WE ARE NOT FUNNY AT ALL

不必自尋煩惱

有一次，歌德和德國作曲家貝多芬並肩散步，過往的行人們不斷地向他們致意問好。次數一多，歌德就不耐煩這頻頻地還禮了，不免大發牢騷。

貝多芬笑著勸慰他說：「閣下，您用不著煩惱，也許他們是在向我致意呢！」

☺ **大智慧：**

不要自作多情，不要庸人自擾，生活中不如意的事情本來就已經很多了，我們為什麼還要憑空為自己製造煩惱呢？

最好的一邊

有一位電影明星向著名導演希區柯克嘮叨攝影機的角度問題，她一次又一次地告訴他，務必從她最好的一邊來拍攝。「抱歉，做不到」，希區柯克說，「我們無法拍你最好的一邊，因為你正把它壓在椅子上。」

☺ **大智慧：**

人貴有自知之明，不能自視清高，不能自以為是。當你妄圖憑自己的意願去做

事的時候，就是別人最反感你的時候。

高齡的原因

馬爾科姆．薩金特，美國音樂指揮家和風琴手。他為古典音樂在年輕聽眾心目中的復活盡了很大的努力。

在他七十歲誕辰時，一個採訪者問他：「您能活到七十高齡，應該歸功於什麼？」

「嗯，」指揮家想了想說，「我認為必須歸功於這一事實，那就是我一直沒有死。」

☺ **大智慧：**

現代人都在挖空心思地尋找養生之道。其實，人的生命是非常奇妙的，沒有任何一種所謂的科學的方法能證明可以延長生命。既然這樣，我們為什麼還要在長壽這個問題上浪費這麼多精力和實踐呢？為什麼能長壽？薩金特回答得好：「因為我一直都沒有死。」

傑作

畢卡索畢生反對侵略戰爭，維護世界和平。第二次世界大戰期間，德國的將領和士兵經常出入巴黎的畢卡索藝術館。這些不速之客受到了冷淡的接待。

有一次，在藝術館的出口處，畢卡索發給每個德國軍人一幅他的名畫《格爾尼卡》的複製品，這幅畫描繪了西班牙城市格爾尼卡遭德軍飛機轟炸後的慘狀。一位德軍蓋世太保頭目指著這幅畫問畢卡索：「這是您的傑作嗎？」

「不，」畢卡索面色嚴峻地說，「這是你們的傑作！」

☺ **大智慧：**

可敬的藝術家，偉大的智慧！

開皇家學會的玩笑

英國植物學家、作家約翰．希爾，因為未能被批准加入皇家學會，一直耿耿於懷。有一次，他從樸資茅斯給學會寄來一封信，信中他編造了一例神奇的病例：一名水手從桅杆上摔下來，跌斷了一條腿。醫生用繃帶替他紮牢後，給他用焦油冷浸，效果奇好，三天內他的腿就恢復如初了。這一案例引起學會認真的討論。誰知不久

學會又收到約翰．希爾的來信，說他上封信上忘了說明那條斷腿是木頭做的。

☺ **大智慧：**

在現代社會也是如此，一些無聊、毫無價值的事情總是以嚴肅的面目出現，值得我們警惕。

帽乎？頭乎？

安徒生很儉樸，戴著破舊的帽子在街上行走。

有個行路人嘲笑他：「你腦袋上面的那個玩意兒是什麼？能算是帽子嗎？」

安徒生回敬道：「你帽子下面的那個玩意兒是什麼？能算是腦袋嗎？」

☺ **大智慧：**

當一種形式只能充當內容的附屬和裝飾時，千萬不可混淆了表面與內在哪個更重要。

首相與熊貓

英國首相邱吉爾頭一回看見熊貓時，感到這種動物很有意思。只見那頭熊貓仰臥在地，怡然自得，壓根兒不理會這位叱吒風雲的大人物。首相對它凝視良久，最後聳聳肩說：「真想不到，它竟是如此的高不可攀！」

你腦袋上面的那個玩意兒是什麼？能算是帽子嗎？
你帽子下面的那個玩意兒是什麼？能算是腦袋嗎？

☺**大智慧：**

不想跌入低谷的人，最好是穩穩地站在一座高山上。

美化語言

美國前總統杜魯門在公共場合講話時，總是不自覺地說上幾個「見鬼」和「去他媽的」。

據說，一位民主黨的知名女士曾請求杜魯門夫人勸她丈夫說話乾淨些，因為她剛聽到杜魯門指責某個政治家的發言「像一堆馬糞」。

杜魯門夫人聽後，毫不吃驚地說：「你不知道，我花了許多年時間，才把他的語言美化到這種地步。」

☺**大智慧：**

做大事者不拘小節，有時候一些所謂的「缺憾」更能夠增加你的人格魅力。

領帶

美國著名作家馬克．吐溫曾經是斯托夫人的鄰居。他比斯托夫人小二十四歲，

對她很尊敬。他常到她那裏去談話，這已成為習慣。

一天，馬克．吐溫從斯托夫人那裏回來，他妻子驚訝地問：「你怎麼不結領帶就去了？」不結領帶是一種失禮。他的妻子怕斯托夫人見怪，為此悶悶不樂。於是，馬克．吐溫趕快寫了一封信，連同一條領帶裝在一個小盒裏，送到斯托夫人那裏去。信上是這樣寫的：斯托夫人：給您送去一條領帶，請您看一下。我今天早晨在您那裏談了大約三十分鐘，請您不厭其煩地看它一下吧。希望您看過馬上還給我，因為我只有這一條領帶。

☺ **大智慧：**

規矩只是為不守規矩的人準備的，禮儀也只是約束那些不懂禮貌的人。

不費神的閱讀

德國幻想小說的奠基人庫爾德．拉斯維茨，一次在回答記者關於他最喜愛什麼樣的書籍的問題時說，他只讀歌德的作品和描寫印第安人生活的庸俗驚險小說。

記者對這位大作家如此古怪的閱讀嗜好大惑不解，拉斯維茨便進一步解釋道：

「你知道，我是一名職業作家，總是情不自禁地對所讀的作品分析品評一番。這樣做實在太費精神了。而讀上述那兩類書籍，則可以省卻這種麻煩，讓腦子完全休息。因為，歌德的作品太高超了，簡直不容置評；而庸俗的驚險小說又太低劣了，根本不值一評！」

☺ **大智慧：**

人應該根據自己的需求去選擇生活物資和生活方式，而不應該過分的去追求潮流。

權威人士的俏皮話

有一次，貝爾納說了句俏皮話，把他的朋友們逗得捧腹大笑。

其中一位非常佩服他的才華和為人，就恭維他說：「只有你才能說得出如此妙不可言的話來。」

可是，貝爾納坦率地告訴他，這句俏皮話是他剛剛從報紙上看來的。

「是嗎？但你說得那麼自然，就像是發自你的內心一樣。」

「這一點算你說對了，」貝爾納得意地說，「不同的是，我把它權威化了。」

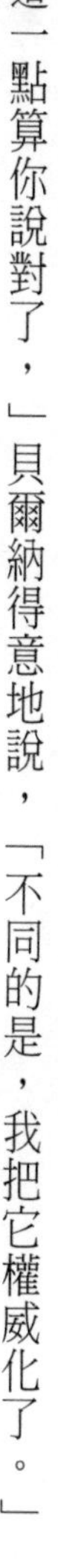

☺ **大智慧：**

有時候儘管它是平常的或者是錯誤的見解，也很難得到置疑。這就是權威。

越來越年輕的雕像

蕭伯納嶄露頭角以後，法國著名雕刻藝術大師法朗索瓦·奧古斯特·羅丹曾為他塑過一次雕像。幾十年後的一天，蕭伯納把這尊雕像拿出來給朋友看，並說：「這件雕像有一點非常有趣，就是隨著時間的推移，它變得越來越年輕了。」

☺ **大智慧：**

浪沙淘盡英雄，歷史驗證精品。只有真正有實在內涵的東西才會永垂不朽，不但不朽，還會發出耀眼的光彩！

柯南道爾的威力

有一次，柯南道爾收到一封從巴西寄來的信，信中說：「有可能的話，我很希望得到一張您親筆簽名的您的照片，我將把它放在我的房內。這樣，不僅僅我能每天看見您，我堅信，若有賊進來，一看到您的照片，肯定會嚇得跑掉。」

☺ **大智慧：**

對於心存不軌的人來說，很多代表正義和智慧的東西都讓他們害怕，這就是所謂的「邪不勝正」。

向不知趣的人「道歉」

英國詩人羅伯特·勃朗寧作起詩來沒完沒了，從不知厭倦，可他十分憎惡任何無聊的應酬和閒扯。在一次社交聚會上，一位先生很不知趣地就勃朗寧的作品向他提了許多問題，勃朗寧既看不出問題的價值，也不知道他到底用意何在，便覺得十分的不耐煩，決定一走了之。於是，他便很有禮貌地對那人說：「請原諒，親愛的先生，我獨佔了你那麼多時間。」

☺ **大智慧：**

對於不同的人，時間的價值是不同的，浪費別人的時間無異於謀財害命。

留影的用意

二十世紀二〇年代匈牙利劇作家費倫茨·莫爾納爾居住在維也納的一家旅館裏。

一天，他的一大批親戚來看望他。並希望分享一點劇作家的巨大成就。事先，他們估計可能會受到冷落，所以，做好了心理準備。

但是，使他們感到吃驚的是，莫爾納爾很熱情地與他們打招呼，甚至還堅持要大家坐下一起合影留念。可是照片印出來後，莫爾納爾把照片交給旅館的接待員，說：「無論什麼時候，你看見照片中任何人想走進旅館，都不要讓他們進來。」

☺ **大智慧：**

在你成功時才會想到你的人，希望與你分一杯羹的人，多半不會有什麼善良的目的，對於這樣的人，最好是在不動聲色中將他們拒之門外。

反守為攻

但丁在一次參加教學的儀式時，陷入了沈思，以至在舉起聖餐時竟忘記跪下。他的幾個死對頭立刻跑到主教那裏告狀，說但丁有意褻瀆神聖，要求予以嚴懲。在宗教統治的中世紀這一罪名可非同小可，更何況他還是個反教皇黨人。

但丁被帶到主教那裏，他聽過指控以後，辯解說：「主教大人，我想他們是在

誣篾。那些指責我的人如果像我一樣，把眼睛和心靈都朝著上帝的話，他們就不會有心神東張西望，很顯然，在整個儀式中，他們都心不在焉的。」

☺**大智慧：**

在攻擊、指責別人的時候，一個人往往也會暴露出了自己的險惡用心。

石學士

詩人石曼卿性情放蕩，喜歡飲酒，詼諧幽默。一次，他乘馬遊覽報國寺，牽馬的人一時大意，使馬失控驚走，他不慎落地。待從們連忙把他攙起來扶上馬。行人見了，紛紛過來圍觀，都以為他會大發雷霆，把牽馬人大罵一番。不料，石曼卿卻慢悠悠的揮起馬鞭，半開玩笑地對牽馬人說：「幸虧我是石學士，如果我是瓦學生，豈不早被摔碎了？」

☺**大智慧：**

有些事情既然已經發生了，再過於計較也於事無補，莫不如多些寬容，只需一個玩笑，既讓自己擺脫了狼狽，又免去別人的愧疚、窘迫。當然，涉及到原則問題

時，卻萬萬不可如此。

幹嘛要這麼多人

一九三〇年，德國出版了一本批判相對論的書，書名叫做《一百位教授出面證明愛因斯坦錯了》。愛因斯坦聞訊後，僅僅聳聳肩道：「一百位？幹嘛要這麼些人？只要能證明我真的錯了，哪怕是一個人出面也足夠了。」

☺ **大智慧：**

一切反動派都是紙老虎，「聲勢浩大」只能證明內心的空虛。

理論的成敗與國籍

二十世紀三〇年代，愛因斯坦有一次在巴黎大學演講時說：「如果我的相對論證實了，德國會宣佈我是個德國人，法國會稱我是世界公民。但是，如果我的理論被證明是錯的，那麼，法國會強調我是個德國人，而德國會說我是個猶太人。」

☺ **大智慧：**

去。其實他們也是有原則的，那就是：一切都要以自己是否能得到「實惠」為標準。

「誰能考我呢？」

有人問美國大學問家葛特里奇，為什麼他這樣一位偉大的學者卻從未獲得博士學位。他回答：「誰能考我呢？親愛的先生！」

☺**大智慧：**

只有世俗的人才總是用世俗的眼光看每件事情，每個人。這是他們無法成為偉人的原因之一。

畢卡索的畫

自從畢卡索的抽象畫風行以來，許多人都以畢卡索的學生自居。有一位畫家舉行了抽象畫展，吸引了許多人，有一位老太婆站在一幅畫前，喃喃自語地說：「這究竟是在畫什麼？」

旁邊有一位懂畫的人說：「是畫家的自畫像。」

老太婆又問：「那右邊的那一張呢？」

那人說：「是他太太。」

老太婆點頭說：「希望他們別生孩子？」

☺**大智慧：**

中國有句古話，「畫虎不成反類犬」。如果一個人學東西學成四不像，那還不如不學。

不是洗澡堂

德國女數學家愛米．諾德，雖已獲得博士學位，但無開課「資格」，因為她需要另寫論文後，教授才會討論是否授予她講師資格。

當時，著名數學家希爾伯特十分欣賞愛米的才能，他到處奔走，要求批准她為哥廷根大學的第一名女講師，但在教授會上還是出現了爭論。

一位教授激動地說：「怎麼能讓女人當講師呢？如果讓她當講師，以後她就要成為教授，甚至進大學評議會。難道能允許一個女人進入大學最高學術機構嗎？」

另一位教授說：「當我們的戰士從戰場回到課堂，發現自己拜倒在女人腳下讀書，會作何感想呢？」

希爾伯特站起來，堅定地批駁道：「先生們，候選人的性別絕不應成為反對她當講師的理由。大學評議會畢竟不是洗澡堂！」

☺**大智慧：**

巾幗不讓鬚眉，誰說女兒不如男！偉大詩人歌德就曾經說過：「永恆之女性，引導我們上升。」

但在現代社會中，我們為什麼歧視女人到了如此的地步？

打錯了

電影院的燈剛熄滅，一個小偷把手伸進了雷加的衣袋，當即被雷加發現了。小偷說：「我想掏手帕，掏錯了，請原諒！」

「沒關係。」雷加平靜地回答。過了一會兒，「啪」的一聲，小偷臉上挨了一記重重的耳光。

「對不起，打錯了，我臉上停了一隻蚊子。」雷加說。

☺ **大智慧：**

對於惡人，絕對不能遷就和退讓，你越退讓，他們越得寸進尺。

打賭治病

卡爾松說：「我不明白這所醫院究竟在幹什麼？當我躺在這裏時，一個醫生說我得的是闌尾炎，而另一位醫生卻堅信我得的是膽結石。」

「那這一切是怎麼結束的呢？」

「他們用硬幣的正反面打賭，結果卻割掉了我的扁桃腺。」

☺ **大智慧：**

有些時候，我們覺得正規和嚴謹的地方並不如我們想像的那麼負責。唯一的原因是職業道德的淪喪。面對我們生命安全的選擇，我們要做的是仔細仔細再仔細

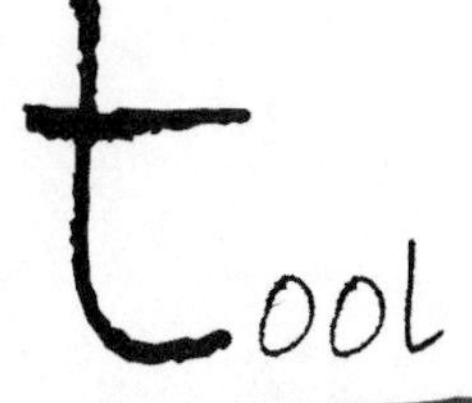

謝謝您購買 小幽默大智慧：我們一點都不搞笑 這本書！

即日起，詳細填寫本卡各欄，對折免貼郵票寄回，我們每月將抽出一百名回函讀者寄出精美禮物，並享有生日當月購書優惠！

想知道更多更即時的消息，歡迎加入"永續圖書粉絲團"

您也可以利用以下傳真或是掃描圖檔寄回本公司信箱，謝謝。

傳真電話：（02）8647-3660　　信箱：yungjiuh@ms45.hinet.net

☺ 姓名：＿＿＿＿＿＿　□男　□女　　□單身　□已婚

☺ 生日：＿＿＿＿＿＿　□非會員　　□已是會員

☺ E-Mail：＿＿＿＿＿＿　電話：（　）＿＿＿＿

☺ 地址：＿＿＿＿＿＿＿＿＿＿＿＿

☺ 學歷：□高中及以下　□專科或大學　□研究所以上　□其他＿＿＿

☺ 職業：□學生　□資訊　□製造　□行銷　□服務　□金融

□傳播　□公教　□軍警　□自由　□家管　□其他＿＿＿

☺ 您購買此書的原因：□書名　□作者　□內容　□封面　□其他＿＿＿

☺ 您購買此書地點：＿＿＿＿＿＿　金額：＿＿＿＿

☺ 建議改進：□內容　□封面　□版面設計　□其他＿＿＿

您的建議：＿＿＿＿＿＿＿＿＿＿＿＿

廣　告　回　信
基隆郵局登記證
基隆廣字第 57 號

新北市汐止區大同路三段一九四號九樓之一

大拓文化事業有限公司收

請沿此虛線對折免貼郵票，以膠帶黏貼後寄回，謝謝！

想知道大拓文化的文字有何種魔力嗎？

- 請至鄰近各大書店洽詢選購。
- 永續圖書網，24小時訂購服務
  www.foreverbooks.com.tw
  免費加入會員，享有優惠折扣
- 郵政劃撥訂購：
  服務專線：(02)8647-3663
  郵政劃撥帳號：18669219